마피아의 계보

차례
C o n t e n t s

마피아의 어원

1658년의 시실리의 한 문헌을 보면 이교도 신앙을 믿는 어떤 여성을 묘사하면서 '큰 뜻을 품은, 포부를 가진, 자존심이 센' 등의 뜻으로 '마피아(Maffia)'라는 단어를 사용한 것이 발견된다. 한편 '마피아'라는 말이 아랍 쪽에서 유래된 것으로 보는 사람들도 있는데 다음과 같은 경우이다.

1. *mahias* : 아랍어로 대담한 사람, 용감하고 배짱 있는 남자 또는 허풍선이를 뜻하는 말.

2. *Ma afir* : 한때 팔레르모(Palermo)를 통치했던 사라센 부족의 이름.

3. *mafie* : 시실리의 마르살라(Marsala) 지역에서 발견된 동굴. 이교 신앙 등의 이유로 쫓기던 사라센들이 은신하던 동굴이었다고 한다.

위의 언급은 'mafie'와 관련된 것도 있고, 다른 시대의 설명도 있다. 1850년대 말, 가리발디(Giuseppe Garibaldi)가 시실리를 정복하기 이전에 박해받던 사람들이 이 동굴에 숨었다가, 가리발디의 시대가 되자 의기양양하게 개선하였는데 이들이 'mafioso', 즉 'people from mafie'로 불려졌다는 것이다.

'마피아'라는 단어가 오늘날처럼 범죄조직의 대명사로 통용되기 전까지는 대개 "뛰어난, 남자다운, 훌륭한"의 뜻으로 사용된 것으로 보인다. 그러다가 대략 19세기 중반경부터 오늘날과 유사한 의미로 통용되기 시작하였다. 1865년경, 시실리 경찰은 '마피아'라는 말을 '범죄조직의 일원'이라는 뜻의 공식 용어로 사용했는데, 그 후로 점차 '마피아'는 조직범죄단을 지칭하는 용어로 쓰이게 된다.

혹자는 '마피아'의 어원을 1282년 부활절에 일어난 'Sicilian Vespers' 운동과 연관지어서, "Morte alla Francia, Italia anela", 즉 "프랑스에게 죽음을, 이탈리아는 외친다"라는 문장의 첫 글자들을 조합하여 만들어진 단어라고 주장하기도 한다. 또 다른 사람들은 1799년에 마자라 델 발로(Mazara del Vallo)에서 다섯 명의 프리메이슨 단원에 의하여 조직된 프리메이슨 계열의 비밀 단체에서 비롯되었다고 보기도 한다. 1875년경에는 프랑스, 영국, 독일 등의 주변 국가들에서도 '마피아' 개념을 인지하게 된다. 한편, 미국에서 마피아에 의한 사건으로 인정되는 첫 범죄가 일어난 것은 1890년이다.

마피아는 범죄자가 아니다?

　　마피아란 시실리인들의 성격과 삶의 철학, 살아가는 방식 그 자체와 그들의 사회를 구성하고 있는 기본 요소, 그들의 기초 도덕을 모두 아우르는 말이라고 볼 수 있다. 시실리인은 태어나자마자 요람에서부터 그 마피아적 성격을 배운다고 말할 수 있는 것이다. 마피아적 성격이란 다음과 같은 것들이다.

　　시실리인들끼리는 서로 도우며 살아야 하고, 적에 대해서는 협심하여 대항하며, 일단 친구라 하면 그가 비록 잘못된 길을 가더라도 절대로 배반해서는 안 된다. 어떤 대가를 치르더라도 자기 자신과 집안의 자존심과 존엄성을 지켜야 하며, 그 어떤 사소한 모욕이라도 반드시 응징하고 지나가지 않으면 안 된다. 가문과 친구들의 비밀을 외부에 발설하지 않으며, 특히 정부 관리나 사법 관리에게 누설하지 않는다. 이렇듯 마피아란 시실리인들의 살아가는 방식(modus vivendi) 그 자체이다.

원래부터 마피아가 범죄조직이었던 것은 아니다. 마피아가 기존 권위로부터 핍박을 받은 것은 그 역사가 매우 오래되었지만, 오늘날과 같은 조직범죄로 변질되기 시작한 지는 그리 오래지 않다. 미국에서는 대이민 시대 이후 오늘날까지 약 100년 정도, 시실리에서는 제2차세계대전 중 연합군에 의한 시실리섬 상륙작전 이후인 약 1960년 무렵부터이다. 그렇다면 마피아를 순진한 일반 시민과는 다른 세계의 사람들이라고 볼 때, 도둑이나 강도 등 보통 범법자와는 어떤 점이 다른 것일까?

우선 마피아는 보통 사람들과 똑같은 사회 환경에서 생활한다. 범법자 하면 연상되는 어둡고, 구석진 뒷골목에서 활개 치는 사람들이 아니다. 마피아는 지역 사회에서 존경받는 시민이며, 그들이 하는 일은 일견 합법적이다. 마피아는 같은 길을 걷는 다른 사람들과 그룹을 형성하는 경향이 있으며, 한 사람의 마피아가 있다고 할 때 그가 행하는 모든 마피아적 행위는 그 자신만을 위한 것이 아니라 그가 속한 그룹 전체의 이익을 위한 것이 된다. 도둑이나 강도는 시간이 지날수록 사회와 더욱 깊은 갈등을 빚게 되지만, 마피아는 시간이 지날수록 자신들의 행동을 합법화하여 사회와의 갈등을 최소화한다. 사회 구성원 간에는 상부상조의 네트워크가 있게 마련이다. 마피아는 사회의 힘 있는 사람들과의 상부상조를 통하여 시간이 지날수록 점차 합법화되고, 점차 성공을 거두게 된다.

마피아의 고향, 시실리 섬

시실리 섬의 역사

시실리 섬은 지중해에 위치해 있다. 장화처럼 생긴 이탈리아 반도의 구두코 끝 쪽에, 반도와는 메시나 해협을 사이에 두고 자리하고 있다. 그 위치는 지중해의 정 중앙으로, 지중해 해상 교통로의 최고 요충지라 할 수 있다. 시실리 섬은 건조한 지중해성 기후에 속해 있지만 화산재로 인한 비옥한 토양 때문에 주산물인 밀을 비롯하여 오렌지, 올리브, 밤 등 여러 농산물을 생산하고 있다. 섬이 자리한 위치와 그 전략적인 중요성 때문에, 그리고 그곳의 풍부한 농산물 때문에 시실리 섬은 외적으로부터 끊임없이 침략을 받았다. 역사를 통해서 보면 시실리 섬은 항상 외국 민족의 지배 아래 있었다.

일찍이 예수가 태어나기 700년 전부터 시실리 섬은 그리스와 페니키아 세력의 각축장이었고, 로마와 카르타고 간의 포에니 전쟁의 무대가 되었다가 로마에 정복된 후에는 수백 년간 로마의 식량창고 역할을 했다. 로마 제국이 쇠락한 후에 시실리 섬은 혼란기를 거쳐 비잔틴 제국의 소유물이 되었다. 서기 535년의 일이다. 그리고 서기 827년에 사라센인들이 쳐들어온 이후 11세기가 끝나기까지 200년이 넘는 기간 동안 이슬람 교도들의 지배 하에 있었다.

서기 1130년에는 노르만 민족이 사라센을 몰아내고 시실리 왕국을 건설한다. 이때의 시실리 왕국의 왕은 이탈리아 남부의 나폴리 왕국의 왕까지 겸하는 세력을 누렸다. 그후 시실리는 노르만 민족, 독일의 호엔슈타우펜 왕가, 프랑스의 앙주 왕가의 지배를 차례로 받는다. 바티칸의 이노센트 4세 교황의 도움으로 호엔슈타우펜 왕가를 물리치고 프랑스 루이 9세의 동생인 앙주 왕가의 찰스 1세가 1266년에 시실리의 왕이 되었다. 이 무렵 찰스 1세의 적들이 시실리인들을 사주하여 일으킨 일종의 독립운동 사건이 바로 1282년 부활절에 일어난 'Sicilian Vespers'이다. 이때 프랑스인들이 많이 학살되었다. 시실리인들의 무장 봉기는 20년간 지속되었고, 결국 앙주 왕가는 시실리에서 물러나 나폴리 왕국만을 다스리게 된다. 그리고 시실리는 호엔슈타우펜 왕가와 혈연으로 연결된 스페인 아라곤의 왕, 피터 3세가 다스리게 된다. 스페인의 세력은 15세기에 들어 다시 나폴리에까지 미쳤으며, 16세기부터는 다시 시실리의 왕이 나폴리 왕을 겸하게 되었다.

1713년부터는 이탈리아의 사보이 왕국이 시실리 왕국을, 오스트리아가 나폴리 왕국을 지배하다가, 1734년 스페인의 왕인 부르봉의 찰스 3세가 나폴리와 시실리를 침공하여 정복한 후, 양 시실리 왕국(Two Sicilies)을 건설한다. 그 후, 프랑스 혁명과 나폴레옹 지배의 영향으로 유럽 전역에 혁명 운동의 기운이 고조되었고, 마침내 1861년, 이탈리아 반도는 통일되어 그간의 오랜 군소 왕국의 할거 상태를 종식시킨다. 귀제뻬 가리발디의 업적이다.

시실리도 통일 이탈리아 왕국의 일부가 되었으나, 그후에 시실리의 사정이 그다지 나아진 것은 없었다. 통일 이탈리아 왕국의 일부가 된 뒤에도 시실리는 공업화된 북부 이탈리아의 국내 식민지 취급을 받았다. 그리고 무거운 세금과 징용제 등으로 불만이 누적되고 있었다. 1866년에는 폭동이 일어났으며, 별로 상황이 나아지지 않은 상태에서 제1차세계대전을 맞이했고, 1922년에는 무솔리니(Benito Mussolini)의 파시스트당이 정권을 잡아 독재정치를 해나갔다. 요컨대 2,000년이 넘는 장구한 세월 동안 계속해서 시실리인들은 타민족의 지배 하에 있었던 것이다. 그들은 역사의 능동적인 주체가 된 적이 한 번도 없었다.

현자와 오메르타

그렇게 수많은 민족의 지배를 겪으면서 시실리인은 속마음을 드러내지 않는 법을 터득했고, 더욱 현명해졌다. 피지배자인 시실리인들은 지배층의 마음을 읽을 수 있는 슬기로움을 가지게 되었고, 자신들의 똑똑함을 감추는 방법도 동시에 터득하게 되었다. 시실리를 지배한 세력들은 동시대에 가장 강성했던 민족들이었고, 가장 선진화된 문명을 가진 민족들이었다. 따라서 시실리인들은 지중해와 유럽의 모든 선진 문명을 겪어볼 수 있었을 것이다. 시실리인들은 자신들의 현명함, 똑똑함에 자부심을 갖고 있었다.

또한 시실리인들은 오랜 피지배의 역사를 통하여 현실주의자로 변모한다. 긴 세월 동안 이민족의 지배를 겪으며 시실리인은 민족의 자주성이나 시실리의 독립 따위를 부르짖는 일은 아무런 가치가 없으며, 오직 자기와 자기 일가족의 안전을 도모하는 일만이 가장 중요하다는 것을 깨닫게 된 것이다. 시실리인들은 자신들의 문제를 해결하는 데에 있어서 그들의 지배계급에게 호소하는 것이 아니라 그들과 같은 시실리인 중 더 현명하고, 더 능력 있는 사람에게 부탁하였다. 왜냐하면 지배계급의 사람들은 항상 자신들의 이해관계에 맞추어서 판결을 내렸기 때문이다. 지배계급인 이민족의 정의와 피지배계급인 시실리인들의 정의는 서로 차이가 있었다.

시실리인들은 자기의 정의는 항상 자기 스스로가 지킨다는 신념을 가지고 있었다. 다만 때로 그들 스스로 정의의 판결을 실행하기 어려울 때에는 같은 시실리인 중 더 능력 있고, 존경받는 사람에게 부탁하는 경우는 있었다. 이러한 사람들, 즉 동료 시실리인들로부터 큰 존경을 받으며 마을 공동체에서 일어나는 여러 갈등을 해결할 능력이 있는 사람들, 현자(賢者)야말로 시실리인들의 정신적인 촌장이며 시장이었다. 마을, 도시에는 지배층이 임명한 관리들이 행정력을 발휘하며 시실리인들을 다스리고 있었지만 사실 시실리를 지배하고 있는 사람들은 바로 이러한 현자들이었던 것이다.

시실리인들은 사람들 간의 갈등이나 그로 인하여 일어나는 범죄를 해결하기 위하여 경찰이나 관리에게 문제를 호소하는 일이 없었다. 그만큼 관리들과 지배계층을 불신하고 있었기 때문이다. 집안의 어른이나 현자들에게만 호소할 뿐, 관리에게는 절대로 말을 하지 않는 이것이 바로 시실리인들의 침묵의 코드 '오메르타(omerta)'이다. 시실리인이라면 만일 자기의 아버지가 피살되었고, 그 장면을 직접 목격하였다 하더라도 살인자를 당국에 고소하지 않는다. 심지어는 아버지가 칼에 찔렸다는 사실조차도 신고하지 않는다. 만약 그만한 배짱이 있다면 아들이 직접 복수에 나설 것이며, 그렇지 않다면 자기 마을의 현자에게 호소하는 것이다. 만약 그가 온전히 자신의 힘만으로 아버지의 복수에 성공한다면 그 역시 또한 현자의 반열, 존경받는 사람들의 반열에 오를 수도 있게 된다.

현자는 마을의 원로로서, 권위를 가진 해결사의 역할을 하였다. 현자들은 다른 마을의 현자를 무시하지 않았으며, 서로 간에 존경심으로 이루어진 느슨한 네트워크가 형성되기도 하였다. 지배층이나 외부인사들은 이러한 현자를 '마피아'라 칭하기도 하였으나 시실리인들에게 그것은 그들의 본성일 따름이었다. 현자들 역시 현실주의자였으므로 사람들의 문제를 해결해줄 경우에는 합당한 범위 내에서 사례를 받았다. 마을 사람들도 사례를 지불하는 데에 별 거부감을 가지지 않았다. 이러한 관례가 신대륙으로 건너간 후, 보호비를 갈취하는 사업으로 변질된 것이었다.

현자는 지배층과 귀족을 대신하여 소작인을 관리하는 마름의 일을 하기도 하였는데 이들을 가벨로티(gabelloti)라 한다. 이런 시각에서 보아 현자와 민중과의 관계를 상호 대립적으로 파악하려는 사람도 있다. 그러나 가벨로티를 마피아로, 시실리 민중을 일방적인 피해자로 보는 시각보다는 모든 시실리인이 어느 정도는 마피아적 성격을 가지고 있다고 보는 시각이 더 옳은 것으로 생각된다.

아메리칸 마피아, 초기부터 제2차세계대전까지

금주법이 마피아를 키우다

서기 1900년 전후로부터 제1차세계대전이 발발하기 전까지의 시기를 대이민 시대라고 일컫는다. 이때 유럽으로부터 신대륙 미국으로 건너간 사람들은 연간 약 70만 명에 달했다. 남북전쟁이 끝난 후부터 제1차세계대전이 발발하기 전까지, 대략 1870년경부터 1914년까지의 기간에 유럽에서 미국으로 건너간 이민 인구는 2,600만 명을 상회한다고 한다. 유명한 타이타닉 호가 영국의 사우스햄프턴 항구를 출발하여 미국으로 향했던 것도 바로 이 시대인 1912년이었다. 특히 남부 이탈리아에서는 1882년과 1906년의 두 차례에 걸쳐서 베수비오 화산이 다시 분화를 시작했고, 그로 인한 흉년과 기아에서 벗어나고자 수많은 사람들이 다른 지역으로 이주하였다. 이는 유럽 역사상 몇 번째로 손꼽히는 민족의 대이동이었다. 이들은 북부 이탈리아, 스위스, 북아프리카 그리고 신대륙인 남미와 북미 대륙으로 이주하였다. 시실리인들도 이 열풍에 발맞추어, 그리고 정체된 시실리 사회를 벗어나 성공하고자 미국으로 이민한 사람들이 많았다. 시실리인들이 신대륙 미국에 자리를 잡아 자신들의 거주 지역, 게토를 형성하기 시작한 것은 아일랜드인, 유대인 등 타민족에 비해 한참 늦은 시기였다.

시실리인들은 적은 급여를 받고 열심히 일했으나 1900년, 1929년의 미국의 경제공황은 그들의 생활을 몹시 어렵게 만들었으며, 생존하기 위해서 그들은 일의 종류를 가릴 수가 없었다. 범죄세계에 있어서도 시실리인들은 특유의 응집력과 생활력으로 먼저 그 세계를 장악하고 있던 아일랜드인, 유대인들의 구역을 급속도로 잠식하며 세력을 키워갔다. 바로 보호비 갈취 등 여러 불법사업이었다. 그리하여 19세기에서 20세기로 넘어갈 무렵 미국에서는 이미 뉴욕, 뉴저지, 시카고, 클리블랜드, 뉴올리언스, 세인트루이스, 디트로이트, 캔자스시티 등의 대도시에서 시실리안 마피아들이 개별적으로 활동을 하고 있었다.

이들에게 활력을 불어 넣어준 것은 미국의 금주법이었다. 금주법은 1919년부터 지역적으로 시행되기 시작하였고, 1920년 1월 26일부터는 미 전역에 걸쳐서 그 효력을 가동하게 된다. 미 수정헌법 제18조, 일명 볼스테드 법(Volstead Act)이라고도 하는 금주법은 이후 1933년까지 무려 14년간 지속되었다. 금주법은 미 전역에서 술의 제조와 유통, 판매 그리고 술의 수입과 수출 등 술에 관한 모든 것을 금지한 법이다. 그러나 하루아침에 사람들의 습관을 바꾸기에는 무리가 많았고, 한편이 법을 수호해나가기 위한 예산은 터무니없이 적어, 금주법은 그 이상적인 취지에 불구하고 많은 문제를 내포하고 있었다. 금주법의 실시를 집행하기 위한 예산은 연간 5백만 달러에 불과하였다. 국내의 밀주활동을 적발해내는 것은 차치하고라도 연장 총 18,700마일에 이르는 미국의 해안선과 국경을 통한 술의 밀수입까지 적발해내야 했다는 것을 생각하면 이예산은 실로 터무니없이 적은 액수였다. 놀랍게도 금주법이 효력을 발휘하기 시작하면 미국 내에서 알코올이 완전히 사라질 것이라는 예측에 의심을 품는 사람은 별로 없었다고 하는데, 실제 사정은 그와는 정반대였다. 금주법이 발효됨과 동시에 몰래 술을 만들어 파는 밀주사업이 황금알을 낳는 사업이 되었던 것이다. 이 사업에는 쉽게 돈을 벌고자 하는 많은 사람들이 뛰어들었고, 가난한 시실리인 이민자들도 여기에 대거참여하게 된 것은 물론이다.

대체 어떤 사정을 거쳐 금주법이라는 법이 제정되었을까? 술의 제조와 판매를 법적으로 금지해야 한다는 주장은 이미 1800년대 중반부터 미국에서 존재했었다고 한다. 당시의 미국사회의 번영을 이룩한 원동력은 자유방임적, 개인주의적 경제체제였고, 이러한 체제를 지지한 계층은 주로 프로테스탄트

교도인 백인 중산계급들이었는데, 원래 이들은 음주란 매춘, 범죄 등의 원인이 되어 사회를 타락시키는 아주 나쁜 것이라는 생각을 가지고 있었다. 또한 이들은 미국의 대도시들이 외국으로부터 들어온 이민자들로 들끓고 있는 데에 대해서도 점차 불안을 느끼고 있었다. 이방인들의 낯선 풍습과 종교로 미국이 잠식당하고 있다고 생각하게 되었던 것이다. 주로 농촌 지역을 중심으로 한 이들 백인 중산층들에게는 금욕과 절제를 강조하며 전통적인 미국 정신의 가치를 숭상하는 윤리가 뿌리 깊었다. 이들은 도시의 외국인들과 술이 미국을 도덕적으로 타락시키고 있다고 믿었기 때문에 이민 배척운동과 금주 운동을 펴기 시작하였다. 제1차세계대전이 발발하자 국가 전체가 전시 분위기에 휩싸였고, 그런 비장한 분위기 속에서 금주법이 미국 상원에 상정된 것이 1917년이다. 그리고 몇 개월 후, 불과 단 하루의 심의 끝에 다시 하원을 통과한 금주법은 절차를 거쳐 1919년 1월 16일부터 미국 헌법의 일부가 되었다. 수정헌법 제18조였다.

이전에도 범죄조직이라고 부를 수 있는 것이 존재했던 것은 사실이지만, 이 금주법을 기점으로 하여 바야흐로 미국의 갱들은 한 차원 높은, 조직된 범죄세계로 발전하게 된다. 밀주 사업의 이윤은 믿을 수 없을 정도로 엄청났다고 한다.

5대 패밀리와 귀제뻬 마세리아 – 뉴욕 마피아

20세기 초, 뉴욕의 이탈리아 이민자를 대상으로 갈취 등을 자행하던 무법자로는 이냐치오 사이에타(Ignazio Saietta) 그룹을 비롯하여 세 그룹 정도가 존재하고 있었다. 이들은 시실리안 마피아의 전통을 계승했다기보다는 신대륙에서 자생적으로 생겨난 범죄인들이었다. 여기에 귀제뻬 마세리아(Giuseppe Masseria)라는 시실리 사람이 등장하여 이들을 물리치고 주도권을 잡게 된다.

1903년에 살인 혐의를 피해 미국으로 건너온 귀제뻬 마세리아는 자기의 뜻에 방해되는 사람을 제거하는 데에 전혀 망설임이 없는 냉혹하고 잔인한 사람이었다고 한다. 그가 30명 정도를 살해한 끝에 마세리아가 뉴욕 암흑가를 장악하게 된 것이 대략 1922년경이다. 이때 마세리아는 후일 미국의 암흑가를 주름잡게 되는 수많은 기라성 같은 후배들을 부하로 거느리게 된다. 후에 아메리칸 마피아의 황제로 일컬어지는 찰스 루치아노(Charles Luciano) 등이 그들이다. 시간이 흐르면서 「마세리아 패밀리」 외에도 불법사업을 업으로 삼는 다른 그룹들이 생겨났으나 이들은 모두 마세리아에게 고개를 숙이며, 마세리아를 한 수 위로 대접해 주고 있는 형편이었다.

1920년대 중엽, 미국의 경제 상황은 매우 좋았다. 뉴욕에는 다섯 개 정도의 시실리안 마피아 그룹이 있었다. 시실리인이 아닌 다른 인종으로 이루어진 갱단도 물론 존재하고 있었고 서로 간에 교류도 이루어지고 있었다. 그 중에서 주도권을 쥐고 있던 것은 물론 「마세리아 패밀리」였다. 보스가 귀제뻬 마세리아, 그리고 마세리아의 오른팔 역할을 하는 사람이 피터 모렐로(Peter

귀제뻬 마세리아.

Morello)였다. 「마세리아 패밀리」외에는 「알프레드 미네오(Alfred Mineo) 패밀리」「가에타노 레이나(Gaetano Reina) 패밀리」「죠셉 프로파치(Joseph Profaci) 패밀리」 그리고 「콜라 스키로(Cola Schiro) 패밀리」가 있었다. 이들은 각각 독립된 그룹이었으나, 때에 따라서는 서로 도와 동업을 하기도 했다. 「마세리아 패밀리」는 이들 중에서 가장 강력한 힘을 자랑하고 있었다. 둘째로 꼽을 수 있는 것은 「알프레드 미네오 패밀리」였다. 「미네오 패밀리」는 맨해튼과 브루클린의 일부를 장악하고 있었고, 초기부터 「마세리아 패밀리」와 연합하고 있었다. 그리고 「가에타노 레이나 패밀리」는 브롱크스를, 「프로파치 패밀리」는 브루클린과 스태이튼 섬을 장악하고 있었다.

옛날에는 역마차 강도, 무장 강도 등 완전히 불법적인 일을 주로 하던 때도 있었으나, 당시 이들의 주 수입원은 역시 밀주 사업이었다. 불법이기는 하나 사회에서 묵시적으로 용인되는 일이었다. 그 밖에도 「프로파치 패밀리」는 이탈리아로부터 올리브 오일을 수입하기도 하였고, 「레이나 패밀리」는 뉴욕 시에서 소모되는 얼음을 독점적으로 공급하기도 하는 등 이들이

하는 일은 매우 다양하였다.

1920년대 말, 「마세리아 패밀리」의 리더인 귀제뻬 마세리아가 더 큰 야망을 품기 시작하면서 뉴욕의 지하세계는 또 한 번 술렁이기 시작하였다. 마세리아의 계획은 대단히 큰 스케일의 것이었다. 마세리아는 자신이 전국의 모든 범죄조직에 영향력을 미칠 수 있기를 바랐던 것이다. 마세리아의 야심만만한 계획은 1930년부터 실행되었다. 1930년 초, 뉴욕에서는 가에타노 레이나가, 디트로이트에서는 가스파레 밀라조(Gaspare Milazzo)가 각각 살해되었다. 시카고에서는 알 카포네의 라이벌이었던 죠셉 아이엘로(Joseph Aiello)가 히트를 당했다. 알 카포네가 보낸 건맨에 의하여 죠셉 아이엘로가 살해된 것이었다. 알 카포네는 진작부터 뉴욕의 마세리아와 연결되어 있었다. 디트로이트의 보스 가스파레 밀라조 역시 라이벌로부터 총격을 받아 사망하였는데, 역시 마세리아의 사주에 의한 것으로 받아들여지고 있었다.

마세리아는 사망한 가에타노 레이나 대신에 자기 사람인 죠셉 핀졸로(Joseph Pinzolo)를 「레이나 패밀리」의 보스로 임명하여 확실하게 조직을 자신의 영향권 아래에 두었다. 뉴욕 암흑가의 5대 패밀리 중 3개 패밀리가 자신의 것이 된 것이다.

살바토레 마란자노의 등장 ─ 뉴욕 마피아

그러나 이즈음 마세리아에게 가장 큰 장애물이 나타나게

된다. 「콜라 스키로 패밀리」에 속해 있던 살바토레 마란자노 (Salvatore Maranzano)라는 사람의 등장이 그것이다.

마세리아의 앞길에 남은 것은 나머지 2개 패밀리였고, 이 두 패밀리는 그들에게 다가오는 마수를 확실하게 느끼고 있었다. 이들은 방어 차원에서 전쟁 준비를 하지 않을 수 없었고, 이를 먼저 행동에 옮긴 것은 「콜라 스키로 패밀리」였다.

두 패밀리의 보스는 모두 시실리 서부 해안의 작은 마을인 카스텔라마레(Castellammare del Golfo) 출신이었다. 이들은 같은 카스텔라마레 사람인 가스파레 밀라조와 죠셉 아이엘로가 살해당하자 바짝 긴장하고 있었다. 가스파레 밀라조는 죠셉 아이엘로의 아들의 대부로 서로 가까운 사이였다. 특히 「콜라 스키로 패밀리」는 멤버들 또한 대부분 카스텔라마레 사람들로 이루어져 있어, 분노의 수위가 더 높았다. 카스텔라마레 사람들은 유약한 콜라 스키로보다는 강한 카리스마를 가진 살바토레 마란자노를 추종하고 있었는데, 마침 패밀리의 원로인 비토 보나벤츄라(Vito Bonaventre)가 피살되자 살바토레 마란자노를 전시의 리더로 추대하게 된다. 바야흐로 카스텔라마레 사람들과 「마세리아 패밀리」와의 전쟁이 시작되려 하고 있었다.

살바토레 마란자노가 미국에 정착한 것은 1927년이다. 1927년 이전에도 마란자노는 미국을 다녀간 적이 있었다. 확실한 것은 알 수 없으나 전해지는 이야기에 의하면 살바토레 마란자노가 미국으로 건너오게 된 데에는 시실리 마피아의 전설적인 보스 중 하나인 돈 비토 카시오 페로(Vito Cascio Ferro)의 안배가 있었다고 한다. 시실리 서부 해안의 작은 마을 카스텔라마레를 고향으로 둔 사람들은 시실리 이민자들 가운데에서도 특히 서로 돕고, 단결을 잘 하기로 유명하였다. 카스텔라마레 사람들의 리더였던 콜라 스키로는 같은 고향 사람이며, 뉴욕 주 버팔로에서 사업하고 있는 스

살바토레 마란자노. 1920년대.

테파노 마가디노(Stefano Magaddino)에게 권력의 기반을 두고 있었다. 카스텔라마레 사람들은 사리판단을 다른 사람에게 의존하는 콜라 스키로보다는 비토 보나벤츄라라는 사람을 정신적인 리더로 더 따르고 있었는데, 비토 보나벤츄라가 마세리아에 의하여 피살되자 살바토레 마란자노를 추대하게 된 것이다.

다른 그룹들과 달리 마란자노의 일당은 「마세리아 패밀리」에게 고개를 숙이지 않았고, 마세리아는 그러한 마란자노를 용서할 수 없어, 두 그룹은 전쟁에 돌입하게 된다. 이 전쟁은 '카스텔라마레세 전쟁(Castellammarese War)'이라고 불린다. 마세리아와 마란자노의 대립은 골리앗과 다윗의 싸움처럼 상대가 되지 않는 게임으로 보였으나 마란자노 그룹은 의외로 잘 버티고 있었다. 이는 카스텔라마레 사람들의 철통 같은 단결력 때문이었다. 그러던 중 1930년 8월 15일 귀제뻬 마세리아

의 심복인 피터 모렐로가 살해되고, 1930년 9월 9일에는 「레이나 패밀리」의 보스인 죠셉 핀졸로가 살해되었다. 1930년 11월 5일에는 귀제뻬 마세리아 함께 있던 알프레드 미네오가 총격을 받아 사망하게 된다. 마세리아는 상처를 입지 않았다. '카스텔라마레세 전쟁'은 최고조에 달하고 있었다. 격분하여 이성을 잃다시피 한 마세리아는 카스텔라마레 출신 남자라면 모두 다 잡아 죽이라는 명령을 내렸다고 한다. 심복이었던 피터 모렐로가 죽은 후, 마세리아를 가깝게 보좌하게 된 사람은 찰스 루치아노(Charles Luciano)였다. 마란자노는 총싸움만 가지고는 전쟁을 끝내기 어렵다는 것을 깨닫고 찰스 루치아노에게 접근, 마침내 그의 마음을 돌려놓는 데에 성공한다.

1931년 4월 15일, 마세리아는 루치아노의 초대를 받아 브루클린 코니 아일랜드에 있는 한 레스토랑에서 점심을 같이 하였다. 3시간에 걸친 정찬을 끝내고 두 사람은 카드 게임을 하였는데, 잠시 루치아노가 화장실에 간 사이에 네 명의 히트맨이 난입하여 마세리아를 사살하고 만다. 이는 루치아노의 계획에 따른 것이었다. '카스텔라마레세 전쟁'은 종막을 고하였고, 살바토레 마란자노는 브롱크스의 그랜드 콘코스에 시실리안 갱들을 모아놓고 평화가 돌아왔음을 선포한다. 마란자노는 전쟁 종식의 일등공신이었고, '보스'로 불리던 마세리아를 해치운 배후인물이었으므로 그럴 만한 권위가 있었다. 마란자노는 이 회합에서 앞으로 뉴욕 암흑가를 다스릴 다섯 시실리안 마피아 패밀리를 정하였고, 마피아의 형제들이 지켜야 할 다섯 가지 룰을 발표하였다.

마란자노는 찰스 루치아노에게 마세리아의 조직을 맡겼고, 「알프레드 미네오 패밀리」는 그 조직원이던 빈센트 망가노(Vincent Mangano)에게, 그리고 죠셉 핀졸로가 사망한 「레이나 패밀리」는 역시 그 조직원이던 토마스 갈리아노(Thomas Gagliano)에게 위임하였다. 「프로파치 패밀리」는 변화가 있을 이유가 없으므로 그대로 죠셉 프로파치가 리더쉽을 발휘하도록 허락하였다. 죠셉 프로파치는 전쟁기간 중, 특별히 어느 한편에 기울지 않게 행동하였다.

마란자노 자신은 카스텔라마레 사람으로 이루어진 패밀리의 보스일 뿐 아니라, 모든 보스들의 궁극적인 보스로 불리기를 원하였다. 그리고 그는 그들의 모임을 '코사 노스트라(La Cosa Nostra)'라고 불렀다. '코사 노스트라'는 번역하면 '우리들의 것' '우리들의 임무'라는 뜻이다. 이때부터 미국에서는 코사 노스트라의 약자인 'LCN'이라는 용어가 '마피아'와 동격으로 사용되게 된다.

마란자노가 발표한 코사 노스트라의 다섯 가지 계율은 다음과 같다. 우선 첫째는 시실리의 오랜 전통인 오메르타의 맹세를 다시 한번 강조한 것이다. 오메르타, 즉 침묵의 맹세이다. 이 법을 어기는 사람에게 내려지는 벌은 재판 없는 즉각 처형이다. 실제로 코사 노스트라라는 용어가 당국에 알려진 것은 1963년의 상원 맥클랜 위원회(Senate McClellan Committee)에서이다. 그때까지 자그마치 30년이란 긴 세월 동안 침묵의 서약이 지켜진 것이다.

둘째 계율은 조직의 위계질서에 대한 규칙이다. 조직은 보스, 언더보스, 카포, 솔져의 4개 등급으로 하고 각각 윗사람에게 절대 복종하며, 윗사람의 명령에 대해 반론을 제기하거나 명령을 내리는 까닭을 물어서는 안 된다고 하였다. 영화「대부 2」에서 묘사되는 마피아 조직 내의 등급이 바로 이때에 정해진 것이다.

셋째는 어떤 일이 있어도 같은 코사 노스트라의 회원을 죽여서는 안 된다는 것, 넷째는 동료가 하는 일을 방해하지 말고 동료의 부인을 넘보지 말라는 것, 그리고 마지막으로 다섯째는 이제까지 있었던 일을 모두 잊고 더 이상의 복수를 저지르지 말라는 명령이었다. 이때에 정해진 아메리칸 마피아의 규율은 이후에도 대체적으로 잘 지켜진다.

살바토레 마란자노는 정규 대학교육을 받았으며, 라틴어를 포함한 5개국어를 구사할 줄 알았다고 한다. 또한 그는 대화를 통하여 남을 설득하는 능력과 자연스럽게 발산되는 권위가 있었다고 한다. 마란자노는 동향 사람들로부터 절대적인 신임을 받고 있었다. 그러나 마란자노는 불과 5개월 남짓의 짧은 시간 동안만 영광을 누렸을 뿐이다. 마란자노의 전횡에 불만을 품은 젊은 갱들의 쿠데타로 살바토레 마란자노는 1931년 9월 10일에 히트를 당하고 만다. 마란자노는 자신을 시실리안 마피아의 궁극적인 보스로 칭하였고, 시실리안 마피아만이 미국의 모든 지하세계를 다스릴 자격이 있다고 보았다. 그러나 이는 결코 현실적인 판단이 되지 못했다. 덧치 슐츠 갱(Dutch Schultz), 레프케 갱(Louis 'Lepke' Buchalter), 벅 앤드 마이어 갱(Benjamin 'Bugsy' Siegel, Meyer Lansky) 등 강력한 유대계 갱들이 존재하고, 활발하게 활동하고 있었기 때문이다. 또한 마란자노의 사업 마인드는 구태의연하였기 때문에 젊은 갱들은 이를 마음에 들어하지 않았다. 예를 들면 마란자노는 찰스 루치아노에게 맨해튼의 북부 지역을 주었고, 토마스 갈리아노에게는 브롱크스를 주었다. 그러나 이미 시대가 바뀌어, 밀주공장에서 생산된 밀주가 트럭이라는 새로운 운송수단을 통해 전국으로 배송되고 있었던 것이다. 사정이 이러할진대, 패밀리가 다스리는 지역을 제한한다는 것은 한참 뒤떨어진 발상이었다.

아메리칸 마피아의 황제, 찰스 루치아노 – 뉴욕 마피아

살바토레 마란자노 살해의 배후인물은 찰스 루치아노였다. 히트맨은 루치아노가 고용한 유대계 갱 4인이었다. 마란자노는 파크 애비뉴의 그랜드 센트럴 빌딩에 있는 자기의 사무실에서 4군데의 총상과 6군데의 자상을 입고 사망한다. 마란자노 히트는 루치아노의 브레인인 마이어 랜스키(Meyer Lansky)가 기획했다고 한다.

찰스 루치아노는 아메리칸 마피아의 황제라고 일컬을 수 있는 사람이다. 시실리 내륙에 위치한 작은 유황광산 마을 레르카라 프리디(Lercara Friddi)에서 1897년에 태어나, 1906년에 아버지의 손을 잡고 미국으로 건너온 찰스 루치아노, 본명 살바토레 루카니아(Salvatore Lucania)는 약관 34세에 보스 중의 보스인 마란자노를 제거하고 뉴욕의 암흑가를 평정한 것이다. 찰스 루치아노의 그룹에는 비토 제노베제(Vito Genovese), 프랭크 코스텔로(Frank Costello), 죠 아도니스(Joe Adonis) 등이 있었고, 비이탈리아인으로도 마이어 랜스키, 벤자민 시겔(Benjamin Siegel) 등이 있었다. 마란자노는 비시실리인을 도외시했으나 루치아노는 그들을 품에 끌어안는 융통성을 가지고 있었다.

마란자노를 제거한 후 루치아노는 시카고의 블랙스톤 앤드 콘그레스 호텔에서 시실리안 마피아의 전국 모임을 주최한다. 그리고 다시 1934년에는 뉴욕의 월돌프 아스토리아 호텔에서 시실리안 마피아뿐 아니라 유대계 갱, 아일랜드 갱, WASP 갱 등 인종을 망라한 갱들의 모임이 열리게 된다. 역시 의장 역할은 찰스 루치아노가 맡았다. 찰스 루치아노는 이렇게 전미 범죄 신디케이트를 결성한 업적으로 1998년에 미「타임」지가 발표한 '20세기를 움직인 100인의 인물'의 한 사람으로 선정되기도 하였다. 이는 루치아노의 범죄 신디케이트가 우리의 근·현대 사회에 엄청난 영향을 미쳤으며, 오늘날까지도 활동을 계속하고 있다는 증거이다.

1930년대 뉴욕의 5대 마피아 패밀리는「루치아노 패밀리」「갈리아노 패밀리」「망가노 패밀리」「프로파치 패밀리」「보나노 패밀리」이다.「루치아노 패밀리」는「마세리아 패밀리」가 모태이며 루치아노를 보스로, 비토 제노베제를 언더보스로

마이어 랜스키. 1930년경.

하고 있었다. 유대인인 마이어 랜스키가 브레인이었으며, 프랭크 코스텔로는 많은 정치적 영향력을 확보하고 있었다. 이들은 가장 강력한 조직이었고, 오늘날 「제노베제 패밀리」로 통한다.

「갈리아노 패밀리」는 가에타노 레이나의 조직을 토마스 갈리아노가 인수한 것이며, 언더보스는 토마스 루케제(Thomas Lucchese)이다. 후일 「루케제 패밀리」로 알려지게 된다.

「망가노 패밀리」는 「알프레드 미네오 패밀리」가 모태이며, 미네오 사망후 프랭크 스칼리제(Frank Scalise)가 잠시 보스의 자리에 있다가 마란자노 또는 루치아노에 의하여 빈센트 망가노로 보스가 바뀐 조직이었다. 언더보스는 알버트 아나스타샤(Albert Anastasia)였다. 후일에는 「갬비노 패밀리」가 된다.

「프로파치 패밀리」는 죠셉 프로파치를 보스로, 죠셉 말리오코(Joseph Magliocco)를 언더보스로 하는 조직이다. 이 조직은 '카스텔라마레세 전쟁' 등 격변을 거치면서도 큰 변동 없이 조직이 보존되었다. 오늘날에는 「콜롬보 패밀리」로 통하게 된다.

마지막으로 「보나노 패밀리」는 살바토레 마란자노의 조직을 그대로 죠셉 보나노(Joseph Bonanno)가 물려받은 것이다. 언더보스는 프랭크 가로팔로(Frank Garofalo)였다.

찰스 루치아노는 마란자노를 제거한 후 그간 마란자노와 친분이 있던 다른 사람들에게 더 이상 추궁을 하지 않았기 때문에 카스텔라마레 사람들의 패밀리는 거의 온전히 유지될 수 있었다. 만일 루치아노가 마란자노 그룹으로부터의 복수를 두려워하여 적의 일망타진을 꾀했다면 전쟁은 더 길어지고, 사업에는 더 나쁜 영향이 있었을 것이다. 루치아노의 머릿속에 어떤 생각이 있었는지는 알 수 없으나 결과적으로 볼 때, 루치아노

찰스루치아노, 1930년대(추정).

의 결심은 대승적인 시각으로서 마피아 전체에 도움이 되는 결정이었다. 루치아노가 오늘날 미국 마피아의 황제로 일컬어지는 데에는 이런 이유가 있었다. 찰스 루치아노의 시실리안-이탈리안 마피아는 유대계 갱들과도 연합하여 사업하였으며, 금주법이 종료된 다음에도 사업의 전성기를 누렸다. 금

주법은 1933년에 만료되었고, 1939년부터 1945년까지는 제2차세계대전이 있었다. 금주법이 끝난 뒤로 마피아는 도박사업, 마약사업에 집중하였으며 합법적 사업에도 계속 진출하였다. 전쟁기간 중에는 암시장을 장악하고, 배급표를 매점하여 역시 큰 돈을 벌 수 있었다.

1933년경부터 뉴욕의 갱들은 드디어 당국의 까다로운 추적을 받게 된다. 시카고의 알 카포네가 탈세 혐의로 수감된 것이 1931년이다. 뉴욕에서는 유대계 갱인 웩시 고든(Waxey Gordon)이 연방검사 토마스 듀이(Thomas Dewy)에 의하여 기소되어 10년형을 선고 받았고, 사우스 브롱크스의 갱 덧치 슐츠(Dutch Schultz)가 역시 토마스 듀이에 의해서 쫓기고 있었다. 1936년 4월에는 찰스 루치아노가 이제 뉴욕 카운티의 특별검사가 된 토마스 듀이에 의해 체포되어 수감된다. 찰스 루치아노는 1936년 6월에 30년에서 50년까지의 징역을 선고받고 수형생활을 시작한다. 바로 이 당시가 '살인주식회사(Murder Inc.)'가 활동하던 시대적 배경이다. 언론에 의해 '살인주식회사'라고 이름 붙여진 이 조직은 갱들이 그들의 사업에 방해가 되는 사람들을 처리하기 위하여 만든 킬러 조직을 말한다. 여기에서 일하는 암살자들은 마피아의 정식 멤버가 아니라 일정액의 기본수당과 건당 지급되는 특별 수당을 받으면서 마피아 보스들의 의뢰를 들어주는 직업 살인자들이었다. 살인주식회사에 의해 살해된 사람은 당국의 추산에 의해서만도 자그마치 63명에 이른다. 이들은 유대계 갱인 루이스 부챌터(Louis Buchalter)와 마피아 계열의 알버트 아나스타샤, 토마스 루케제가 관리하고 있었으며, 명령 라인의 최고위층에 위치한 것은 찰스 루치아노였다고 한다. 그룹의 멤버였던 에이브 릴리스(Abe Reles)가 배신하여 당국에 실상을 털어놓음으로써 이 놀라운 집단의 내막이 바깥세상에 드러나게 된다. 에이브 릴리스의 증언은 루이스 부챌터를 사형에 이르게도 만든다.

뉴욕에서 갱들 서로간의 투쟁과 또 당국과의 갈등이 있었던 것처럼 시카고, 클리블랜드, 뉴올리언즈, 디트로이트 등 다른 도시에서도 여러 이권의 헤게모니를 둘러싼 투쟁이 벌어졌고, 경우에 따라 당국의 추적을 받기도 했다.

제2차세계대전과 관련하여 마피아의 황제인 찰스 루치아노가 특정 역할을 수행하였다는 주장이 많이 제기되고 있어 여기에 소개한다.

대전이 발발하고, 독일의 U-보트 잠수함대의 활약이 두드러지자 미국은 독일이 잠수함을 이용하여 대서양의 선박 왕래를 압박하게 될까봐 몹시 두려워하였다. 잠수함대가 미 연안에 보급기지를 구축하게 되는 심각한 상황도 우려되고 있었다. 또한 미국의 항만에서 사보타지(sabotage)가 일어날 가능성도 고려해야 했다. 1942년 6월에는 롱아일랜드의 아마겐셋에서 독일 잠수함에서 내린 독일의 특수요원들이 체포되는 사건도 일어났다. 마침내 당국은 광대한 미국 연안을 감시하기에 역부족인 현실을 타개하기 위하여 항만을 장악하고 있던 갱들의 협조를 얻을 결심을 한다. 그리하여 미해군정보국(Office of Naval Intelligence ;

ONI)이 처음 접근한 사람은 뉴욕의 풀턴 수산물 시장을 배후에서 지배하고 있는 것으로 알려진 죠셉 란차(Joseph Lanza)라는 갱이었다. 이에 죠셉 란차는 자신이 마음대로 할 수 있는 일은 아무것도 없다며 감옥에 갇혀있는 찰스 루치아노를 소개한다. 결국 ONI는 루치아노에게 부탁하여 항만의 감시를 하기로 하는데, 사람들은 이 프로젝트를 '오퍼레이션 언더월드'라고 부르기도 했다. 대전 기간 내내 브루클린 항구를 비롯하여 수백 마일에 걸친 뉴저지 주, 코네티컷 주의 연안과 항구에서는 단 한 건의 사보타지도 일어나지 않았다.

미 해군정보국과 찰스 루치아노의 상부상조 관계는 연합군의 시실리 상륙작전 때에도 있었다고 한다. 1942년 말, 영국의 몽고메리 장군이 분투하던 북아프리카 전선에 미군이 합세하여 북아프리카를 추축국으로부터 해방시킨 다음에, 연합군은 유럽을 수복하기 위하여 먼저 시실리 섬에 군대를 상륙시키기로 결정하였다. 시실리 상륙작전을 위하여 ONI는 다시 찰스 루치아노에게 협조를 구하였다. 루치아노는 시실리 섬의 지정학적 정보를 알려주었고, 시실리의 마피아 보스인 칼로제로 비지니(Calogero Vizzini)에게 연락을 취하여 상륙한 연합군을 돕도록 하였다. 찰스 루치아노는 이러한 협조의 대가로 1946년에 가석방된다.

아메리칸 마피아의 아버지, 쟈니 토리오 − 시카고 마피아

시카고 시실리안 마피아의 정통은 1930년에 사망한 죠셉

31

아이엘로 파벌이다. 그러나 그가 주도권 쟁탈전에서 패배하여 사망한 이후로 시카고 암흑가는 뉴욕의 귀제뻬 마세리아와 연합한 알 카포네 그룹에게 넘어갔다. 나폴리 출신의 알퐁스 카포네(Alphonse Capone)는 1929년에 아일랜드 갱을 패퇴시키고, 다시 1930년에 죠셉 아이엘로를 살해하여 시카고를 완전히 장악하게 된다. 이런 연유로 시카고 조직은 '마피아' 라는 명칭보다는 '아우트 피트'라는 이름으로 불린다.

1909년, 매춘사업을 주로 하던 쟈코모 콜로시모(Giacomo Colosimo)가 조카인 쟈니 토리오(Johnny Torrio)를 뉴욕으로부터 불러 도움을 청한 것이 토리오-카포네 듀오가 시카고와 맺은 첫 인연이다. 쟈코모 콜로시모가 갱으로부터 보호비의 상납을 강요받고는 그 해결책을 강구하기 위하여 조카를 부른 것이었다. 쟈니 토리오는 삼촌의 문제를 깨끗하게 해결해 주었고, 이후 신임을 받아 계속 시카고에 머물면서 삼촌의 사업을 도왔다. 쟈니 토리오는 미국의 마피아와 범죄조직이 오늘날과 같은 신디케이트를 이루도록 만든 장본인으로서 미국 마피아의 아버지와도 같은 사람이다. 쟈니 토리오는 일찍이 뉴욕의 제임스 스트리트 갱단의 일원으로 있을 때에도 파이브 포인트 갱단과의 합병을 이루어냈을 만큼 든든한 배짱과 협상력을 지닌 사람이었다. 1925년에 뉴욕으로 건너간 토리오는 찰스 루치아노에게 조언을 하여 그가 지하세계를 석권한 뒤, 전 미국 범죄 신디케이트를 조직하도록 영향력을 발휘하였다.

외삼촌의 부름을 받고 시카고에 온 지 10년 뒤, 1920년에 이르러 토리오는 보스였던 외삼촌을 제거하고 그의 사업을 인수한다. 이는 당시 눈앞에 새롭게 펼쳐진 사업 영역인 밀주사업에 콜로시모가 쉽사리 뛰어들려고 하지 않았기 때문이었다. 그리고 토리오의 야심과 비전이 보스의 것을 능가하였기 때문이었다. 뉴욕에서 토리오와 함께 활동했던 알 카포네는 토리오의 부름을 받고 1919년에 시카고로 건너가 토리오의 직속 히트맨으로 일하였다. 쟈코모 콜로시모를 살해한 것도 알 카포네와 또 한 명의 히트맨이었다.

당시 시카고의 지하세계는 토리오-카포네의 조직, 시실리안 마피아 그리고 아일랜드 갱, 이렇게 세 그룹이 각축하고 있었고 분쟁이 끊이지 않았다. 1925년 1월에 쟈니 토리오는 아일랜드 갱으로부터 총격을 받아, 심한 부상을 입는다. 이때 병상에 누운 토리오는 조직의 보스 자리를 후배인 알 카포네에게 넘기는 중대한 결심을 하게 된다. 아마도 카포네가 자신을 제거할지도 모른다는 생각을 했을 것이다. 쟈니 토리오는 고향인 이탈리아로 가 잠시 요양을 취한 다음 다시 미국으로 오는데, 이번에 그가 선택한 곳은 뉴욕이었다. 토리오는 뉴욕으로 무대를 바꿔 뉴욕 암흑가의 떠오르는 샛별인 찰스 루치아노를 돕는다.

시카고 아웃 피트와 알 카포네 – 시카고 마피아

1899년생인 알 카포네는 26세의 젊은 나이로 치열한 경쟁의 한가운데에 있는 조직을 맡게 되었다. 이후 카포네는 알려진 대로 시실리안 마피아와 아일랜드 갱을 차례로 물리치고 자신의 조직을 반석 위에 올려놓게 된다.

카포네의 범죄조직은 마피아라기보다는 아우트 피트라는 명칭으로 불리는데, 이는 쟈니 토리오와 알 카포네의 출신지가 시실리가 아니기 때문일 뿐 아니라 시카고 조직의 다양한 멤버 구성 때문이기도 하다. 시카고 아우트 피트에는 시실리인뿐 아니라 비시실리 이탈리아인도 많았으며 유대계, 러시아계, 영국계 등 여러 인종의 인물들이 섞여 있었다. 시카고 조직은 마피아 특유의 입단식조차도 생략했다고 한다. 이러한 자유분방함은 쟈니 토리오, 알 카포네, 그 후의 보스인 폴 리카(Paul Ricca) 등이 모두 비시실리인이었기 때문이었을 것이다.

아우트 피트가 주도권을 잡기까지의 전쟁을 '시카고의 맥주전쟁(Chicago Beer War)'으로, 그 중 제나 형제 등 시실리인 그룹과의 전쟁을 '유니오네 시실리아나 전쟁(Unione Siciliana War)'이라고 부른다. 토리오-카포네 조직은 시실리 사람인 제나 형제(Angelo & Mike Genna)를 제거하였고, 그 뒤를 이은 쬬셉 아이엘로와 투쟁을 벌였다. 결국 카포네 그룹은 1930년에 쬬셉 아이엘로를 살해함으로써 주도권을 쥐게 된다. 또 하나, 카포네 갱이 명실 공히 시카고에서 주류 조직으로 인정받게 된 사건은 1929년 2월 14일의 '발렌타인 데이의 대학살(St. Valentine Day's Massacre)'이다. 이것은 카포네 갱단이 쬬지 모랜(George Moran)의 아일랜드 갱단을 기습하여 그 쪽 갱 7명을 살해한 유명한 사건이다. 이 살해 사건에서 카포네 갱은 최신무기인 톰슨

기관단총을 사용하였다. 범인들은 경찰을 사칭하였는데, 이러한 대담함과 기관단총까지 사용하는 잔인함에 다른 조직들은 카포네 갱에게 두 손을 들 수밖에 없었다. 카포네 갱은 다른 조직의 도전을 용납하지 않았고, 위와 같은 일련의 시위를 통하여 그러한 의지

알 카포네, 1931년.

를 적극 표명하였다. 카포네 갱은 결국 시카고 암흑가를 완전히 제패하게 된다. 1931년 9월에 마란자노를 제거한 찰스 루치아노가 범죄조직의 컨벤션을 맨 처음 시카고에서 주최한 것도 이러한 시카고 지하세계의 안정된 상황을 고려한 결정이었을 것이다.

알 카포네는 1931년에 탈세 혐의로 수감되어 샌프란시스코의 알카트라즈 형무소로 이송된다. 시카고 아우트 피트의 리더십은 시실리 출신인 프랭크 니티(Frank Nitti)에게로 넘어갔다가 프랭크 니티가 자살한 후에는 폴 리카가 아우트 피트의 보스가 된다. 다시 1944년부터는 안토니 아카르도(Anthony

Accardo)가 보스가 되었다. 안토니 아카르도는 1944년부터 1957년까지 시카고 아웃 피트의 보스였으며, 보스의 자리를 물려준 다음에도 아웃 피트의 고문을 맡아 지속적으로 시카고 아웃 피트에 영향력을 미쳤다. 안토니 아카르도는 우리에겐 잘 알려지지 않은 생소한 이름이나, 전설적인 마피아 보스 중의 한 사람이다. 뉴욕 마피아와 시카고 아웃 피트의 역사를 말할 때에 절대로 빼놓을 수 없는 중요한 인물의 한 명이다. 안토니 아카르도 다음으로 아웃 피트의 보스가 된 것은 할리우드 여배우들과의 염문으로 호사가들의 입에도 자주 오르내리게 되는 샘 잔카너(Samuel Giancana)이다.

시카고 아웃 피트는 패밀리들 간의 투쟁이 심하던 뉴욕과는 달리, 비교적 일찍부터 시카고 암흑가의 주도권을 잡았기에 이른 시기부터 시카고 바깥으로 눈을 돌릴 수가 있었다. 쟈니 토리오와 알 카포네, 두 사람의 넓은 시야가 함께 작용했던 것은 물론이다.

서부로 진출한 마피아

쟈니 로젤리(Johnny Roselli)가 시카고 아웃 피트로부터 서부로 파견된 것이 1924년이다. 쟈니 로젤리는 폐결핵 요양차 추운 시카고를 떠나 기후 조건이 좋은 로스앤젤레스로 가게 되었는데, 그곳에서 그는 아예 시카고 아웃 피트의 사업 대리인으로 일하게 되었다. 쟈니 로젤리는 로스앤젤레스의 마피아 보스 안토니 코르네로(Anthony Cornero)의 밀주사업에 가담하였고, 안토니 코르네로가 당국의 추적을 피해 잠시 캐나다로 피신하게 된 후에는 잭 드라나(Jack Dragna)의 그룹과 함께 사업하였다. 잭 드라냐는 LA의 알 카포네라 불린 인물이다.

뉴욕의 「루치아노 패밀리」는 1936년에 이르러서야 서부로 멤버를 파견하였다. 그가 바로 후에 라스베이거스를 건설한 인물로 알려지는 벤자민 시겔이다. 벤자민 시겔은 1933년경부터 할리우드를 방문하다가, 1936년에 이르러서는 로스앤젤레스에 정착하였다.

마피아는 전성기를 구가하고 있던 할리우드의 스튜디오를 갈취하는 일도 했다. 노동조합을 이용하기도 했고, 폭력을 쓰기도 했다. 또한 밀주사업의 황금기가 지나가고 있다는 것이 확실했기 때문에 마피아는 도박사업에도 집중하였다. 1931년에 네바다 주는 도박을 합법화하였다. 벤자민 시겔이 네바다주 남쪽에 있는 라스베이거스라는 작은 마을에 호텔-카지노 복합단지를 건설하기 시작한 것이 1945년의 일이다. 이름을 플라밍고라 한 이 복합 관광단지는 1946년 12월 26일에 개장하였고, 오늘날에도 그 이름을 이어가고 있다. 플라밍고 호텔의 성공 이후 라스베이거스에는 속속 호텔-카지노가 건설되었다. 이들 중의 많은 수가 마피아의 재정 지원으로 세워졌다.

유대인 갱인 벤자민 시겔과 이탈리아 갱인 「잭 드라냐 패밀리」는 사이가 좋지는 않았으나, 타고난 중재자였던 쟈니 로젤리의 조정으로 커다란 갈등 없이 서부에서 함께 사업을 할

벤자민 시겔.
1947년 6월 20일, LA.
영화 「벅시」의 주인공.

수 있었다. 1947년 6월 벤자민 시겔이 살해된 후에는 시겔의
부하였던 미키 코헨(Mickey Cohen)이 로스앤젤레스에서 사업
하였다. 「잭 드라냐 패밀리」는 미키 코헨을 제거하려고 여러
번 시도하였으나 여의치 않았다. 벤자민 시겔이 죽은 1947년
이후 로스앤젤레스 마피아의 보스는 잭 드라냐, 언더보스는
아다모(Giolama Adamo)였다. 샌디에이고 브랜치는 중간 보스
인 프랭크 봄펜시에로(Frank Bompensiero)가 담당하고 있었다.

미국 최초의 마피아 관련 사건

마피아에 의하여 일어난 최초의 범죄행위로 미국에서 공식
적으로 인정되고 있는 사건은 1890년에 뉴올리언즈에서 일어

났다.

1885년, 이미 뉴올리언즈에서는 100명이 넘는 마피아 멤버들이 활동하고 있었다. 그 리더는 마트랑가 형제(Charles & Tony Matranga)였는데 「마트랑가 패밀리」와 대립 관계이던 프로벤자노 그룹은 서로간의 분쟁이 격화되자 뉴올리언즈의 경찰 책임자인 데이비드 헤네시(David Hennessey)에게 보호를 요청하였다.

1890년 10월 15일 밤 11시 25분, 데이비드 헤네시는 퇴근 후 집으로 걸어 돌아가는 길에 엽총과 권총으로 총격을 받아 사망한다. 경찰 간부인 헤네시의 사망은 지역 사회에 큰 파장을 몰고 왔고, 21명의 마트랑가 갱이 사건의 용의자로 체포되어 그 중 19명이 유죄판결을 받았으나, 재심에서는 판결이 번복되어 19명 모두 증거불충분으로 석방되었다. 흥분한 시민, 특히 마피아와 관련이 없는 정직한 시실리안 이민자들은 군중집회를 가졌고 무죄로 풀려난 용의자 중 7명을 붙잡아 사형(私刑)을 가했다.

이 사건은 미국과 이탈리아 간의 외교 분쟁으로 비화하였고, 이탈리아 당국은 당시 세계 4위의 무장력을 자랑하던 이탈리아 해군의 함대를 미국 해역에 파견하여 시위를 하기도 하였다. 해리슨 미국 대통령(Benjamin Harrison)은 2만 5천 달러의 배상금을 이탈리아 정부에 지불하는 것으로 사건을 해결하였으며, 이 사건은 마피아와 관련된 첫 번째 사건으로 미국 역사에 공식적으로 기록되었다. 찰스 마트랑가의 뒤를 이은 뉴올리

언즈 마피아의 수장은 샘 카롤라(Sam Carolla), 다시 샘 카롤라
의 뒤를 이은 것은 카를로스 마르셀로(Carlos Marcello)이다.

마피아에 대한 미온적 수사

1946년, 수감되어 있던 찰스 루치아노가 가석방되어 이탈
리아로 강제 출국되었다. 원래 최장 50년의 형기를 판결 받았
던 것을 생각하면 이는 매우 이례적인 조치였다. 공식적인 사
면 이유는 제2차세계대전 기간 동안에 미 당국을 도운 데에
대한 감사의 표시라고 되어 있었다. '오퍼레이션 언더월드'의
존재가 매우 신빙성을 갖는다는 반증이다. 루치아노는 1936년
부터 11년간 감옥에 있었으나, 그 사이에도 마피아의 사업에
지속적이고도 강력한 영향력을 미치고 있었다. 특히 오퍼레이
션 언더월드가 시작된 다음부터는 보다 편한 수형생활을 하였
으며, 매 1, 2주마다 정기적으로 찾아오는 연락책을 통하여 더
용이하게 조직을 지휘하였다. 루치아노가 없는 사이 「루치아
노의 패밀리」는 언더보스인 비토 제노베제가 리더십을 가지
고 있었다. 제노베제가 1938년에 살인 혐의를 피하기 위하여
이탈리아로 출국하고 난 뒤에는 프랭크 코스텔로가 액팅보스
의 역할을 하였다. 프랭크 코스텔로의 영도 하에서 마피아와
신디케이트는 번영을 계속하였다.

1930년대 초의 집중 수사가 있은 뒤 1936년에 거물인 찰스
루치아노가 체포된 이후로는 이들 범죄조직에 대한 사법당국

으로부터의 큰 핍박은 없었다. 1950년대 들어 상원의원들의 제창에 의해 조직범죄를 조사하기 위한 특별 상원위원회가 열리게 되지만 역시 이들 조직범죄단을 억압하기 위한 입법 활동 같은 것은 없었다. 마피아에 대한 수사가 적극적이지 않았던 이유는 다음과 같다. 첫째, 마피아의 범죄가 대부분 보통 시민들에게 직접적인 피해를 주는 것이 아니어서 이들의 범죄에 대하여 당국과 언론이 깊은 관심을 가지지 않았기 때문이다. 예를 들면 금주법 시대에 성행한 밀주사업은 이들에게 막대한 수입을 안겨주었다. 그러나 범법이긴 하되 아무에게도 피해를 주는 일이 아니었기 때문에 단속의 대상이 되는 일은 드물었다. 또한 마피아 사업의 성격은 많은 사람들로부터 조금씩 갈취해내는 것이었기 때문에 크게 불평하는 사람도 없었을 뿐 아니라 사람들은 갈취 당한다는 것조차도 모르고 있는 경우가 많았다. 이들의 사업은 조용하게 진행되는 편이었다.

내·외부인의 밀고에 대하여 확실하게 응징을 하였던 것이 둘째의 이유이다. 특히 내부인의 배반에 대한 징벌은 예외 없이 사형이었는데, 이러한 엄격함이 오랜 기간 이들의 범죄행각이 외부에 드러나지 않았던 이유 중의 하나로 보인다. 이들을 비난하여, 적으로 돌리는 만용을 부릴 사람은 그리 많지 않았다.

그리고 셋째 이유로는 미국 최고의 사법기관인 FBI가 이들의 범죄에 대하여 전혀 관심을 두지 않았기 때문이라는 분석이다. 1924년부터 1972년까지 무려 49년 동안 미 FBI의 국장을 맡았던 존 에드거 후버(John Edgar Hoover)는 조직범죄에 대한 수사 의지를 전혀 가지고 있지 않았을 뿐 아니라 프랭크 코스텔로 등 일부 마피아 보스들과는 친분 관계마저 유지하고 있었다는 사실이 최근의 연구서적들에서 밝혀지고 있다. 에드거 후버는 동성애 성향을 가지고 있었는데 이것이 갱들에게 알려져, 약점을 잡힌 것이 가장 큰 이유였다.

시실리안 마피아, 1951년 살바토레 줄리아노의 사망까지

시실리 마피아를 미국에 이식한 비토 카시오 페로

이탈리아의 통일에서부터 제1차세계대전까지, 대략 1860년부터 1914년까지의 기간을 시실리안 마피아의 세력 확장기로 본다. 이 시기의 시실리에서는 경찰이 어떤 특정 지역을 조사하려면 마피아로부터 허락을 얻어야만 하던 때도 있었다고 한다.

제1차세계대전 이후 황금기를 구가하던 시실리안 마피아는 1922년 무솔리니가 정권을 잡은 이후부터는 심한 핍박을 받기 시작하며 내리막길을 걸었다. 그러나 연합군이 시실리를 수복한 1943년부터 시실리안 마피아는 다시 고개를 들기 시작하였고, 순식간에 전열을 정비하여 제2의 전성기를 구가하게 된다. 제1차세계대전을 전후한 마피아의 황금기에 시실리에서 가장 경외의 대상이 되고 있던 마피아 보스는 비토 카시오 페로였다. 카시오 페로는 1862년에 태어났고, 이미 30대의 나이에 보스 중의 보스로 대접받게 된다. 1901년, 카시오 페로는 살인 혐의를 피해 미국으로 가게 되며, 미국에서 시실리 이민 사회를 대상으로 고향에서와 같은 보호비 갈취 사업을 시작한다.

비토 카시오 페로의 사업 철학은 다음과 같았다.

'절대로 다른 사람의 피를 흘리게 하지 마라, 대신 다른 사람들을 보호해 주어라. 그 대가로 약간의 사례비를 받는 것이다. 사례비는 그 사람에게 부담이 될 정도가 되어서는 안 된다. 다른 이들의 사업이 번창하도록 도와 주어라. 그러면 그는 행복해할 것이며 기꺼이 얼마 안 되는 보호비를 지불하는 쪽을 택할 것이다.'

비토 카시오 페로는 시실리 마피아를 미국에 이식한 최초의 사람이라고 할 수 있다. 카시오 페로는 다른 마피아 멤버들이 미국에 입국할 수 있도록 주선도 하면서, 최초로 미국과 시실리 사이에 연결 라인을 만든 사람이었다. 1904년, 뉴욕 경찰은 카시오 페로의 범죄에 대하여 수사를 시작하였고, 카시오 페로는 뉴올리언즈에 잠시 피신했다가 시실리로 돌아오게 된다.

　뉴욕 경찰의 이탈리아인 담당이며 그 역시 이탈리아 이민 출신인 죠셉 페트로시노(Joseph Petrosino)가 이탈리아 경찰과 공조 수사를 하기로 합의하고 시실리로 간 것이 1909년이었다. 2월 20일, 시실리에 도착한 죠셉 페트로시노는 내무장관의 영접을 받았다고 한다. 그러나 본격적인 수사를 시작하기도 전인 1909년 3월 12일, 페트로시노는 팔레르모의 거리에서 피살된다. 일설에 의하면 이 살해는 비토 카시오 페로가 친히 손을 쓴 것이라고도 한다. 비토 카시오 페로는 평생 20건의 살인, 5건의 도둑질, 37건의 갈취, 53건의 다른 범죄로 고발되었으며, 이 중 69건에 대해서 정식으로 기소되었으나 이 69건에 대해서 모두 무죄 판결을 받았다. 그러나 그도 무솔리니의 철권통치에는 어쩔 수 없었던 듯, 무솔리니 집권 후인 1927년에 체포되어 수감되게 되고, 1945년에 감옥 안에서 사망하였다.

칼로제로 비지니

　베니토 무솔리니가 이탈리아를 장악한 것은 1925년 1월이다. 무솔리니는 집권 후, 시실리 마피아를 발본색원하는 정책을 폈다. 무솔리니는 시실리를 진정으로 장악하려면 마피아를 먼저 제거해야만 한다는 사실을 잘 알고 있었던 것이다. 1927년부터 1929년에 걸쳐 시실리 마피아는 무솔리니에 의해 엄청난 탄압을 받았다. 무솔리니의 탄압은 매우 폭력적인 것이어서, 반항하던 마피아는 그 가문이 몰살을 당하는 경우도 많았다. 마피아들은 탄압을 피해 외국으로 달아났으며, 이로 인해 무솔리니와 그 일당에 대한 깊은 적개심을 품게 된다.

비토 카시오 페로 이후 시실리 마피아의 보스로 대접받게 된 사람이 칼로제로 비지니이다. 칼로제로 비지니는 1877년, 남부 시실리의 빌랄바(Villalba)에서 출생하였다. 1920년대에 이르러 칼로제로 비지니는 비토 카시오 페로에 이어 제2인자로 인정받는다. 무솔리니 집권시, 칼로제로 비지니도 파시스트당에 의해 체포되어 5년형을 선고받았으나, 불과 며칠 후에 석방되게 된다. 이때 이미 힘의 저울추는 카시오 페로로부터 칼로제로 비지니로 넘어갔다고 볼 수도 있을 것이다.

칼로제로 비지니는 로맨틱한 측면을 지닌 마피아로서는 마지막 인물이라고 말할 수 있다. 그는 평생 동안 그의 고향인 빌랄바와 칼타니세타(Caltanissetta)의 지역 주민들을 매우 많이 도왔다고 한다. 1943년 7월 10일, 연합군이 시실리에 상륙했을 때, 칼로제로 비지니는 연합군에 적극 협조하며 그들의 작전을 물심양면으로 지원했다. 칼로제로 비지니의 협력은 미국의 마피아 보스, 찰스 루치아노의 부탁에 의한 것이었다. 칼로제로 비지니와 마피아의 2인자인 귀제뻬 젠코 루소(Giuseppe Genco Russo)는 이탈리아 군을 설득하여 연합군에게 저항하지 말고 항복하도록 하며, 또 한편으로는 상륙 후 연합군의 진격이 수월하게 이루어지도록 지형·지리의 안내를 하였다. 그렇게 현지인의 적극적인 도움을 받은 연합군은 쉽게 시실리 섬 전체를 수복할 수 있었다.

미해군 정보국 ONI가 주도한 이 시실리 섬 상륙 지원작전은 오퍼레이션 언더월드의 연장이었다. 감옥에 갇혀있던 루치아노를 설득해 연합군의 시실리 상륙작전에 필요한 정보를 얻고, 그 반대급부로 루치아노를 조기 사면해주는 거래였다. 시실리 수복 후, 연합군은 적의 적은 우리 편이라는 논리 하에 감옥에 갇혀있던 정치범들을 대거 석방하였는데, 이들 중 많은 수가 마피아였다. 그렇게 해서 마피아는 순식간에 다시 시실리 전역을 지배하게 되었는데, 예를 들면 연합군에 의해 빌랄바의 시장으로 임명된 것이 칼로제로 비지니였으며, 콜레오네(Corleone)의 시장으로 임명된 사람이 마피아의 일원인 마이클 나바라(Michele Navara)였다.

한편 미국 뉴욕의 「루치아노 패밀리」의 언더보스였던 비토 제노베제는 살인 혐의를 피해 1938년부터 이탈리아로 피신해 있었는데, 이탈리아가 연합군에 의해 수복되자 놀라운 적응력을 발휘해 연합군의 공식 통역을 맡게 된다. 비토 제노베제는 기존 마피아와 협력하여 연합군 군정 하의 암시장을 장악하였다.

보스 중의 보스였던 돈 칼로제로 비지니는 연합군에 의해 대령으로 선임되기도 하였고, 1949년에는 당시 이탈리아에 체류 중이던 찰스 루치아노와 함께 시실리의 수도 팔레르모에 캔디 제조공장을 차리기도 하였는데, 그 공장은 실제로는 헤로인

정제공장이었다. 돈 칼로제로 비지니는 1952년에 사망하였다.

비토 제노베제는 그에게 걸렸던 살인 혐의가 기소 중지되어, 미국으로 다시 돌아가게 되었다. 제노베제는 쿠바를 거쳐서 1947년 초에 미국으로 가게 된다.

연합군은 전후의 이탈리아 정국을 사회주의자들이 주도하는 것을 막기 위해 기독민주당을 지지하였고, 마피아의 협조를 요구하였다. 마피아는 연합군의 사주를 받아 기독민주당의 집권을 적극 지원하였으며, 이 과정에서 마피아는 당시 시실리 민중의 절대적인 인기를 얻고 있던 시실리의 의적 살바토레 줄리아노(Salvatore Giuliano)를 이용한다.

의적 살바토레 줄리아노

살바토레 줄리아노는 1922년 몬텔레프레(Montelepre)에서 태어났다. 줄리아노는 연합군에 의해 시실리가 수복된 후, 군정에 의해 금지되고 있던 물자 암거래를 하다가 단속하는 경찰을 살해하게 되어 도망자의 신세가 된다. 줄리아노는 마피아의 기질을 다분히 타고난 사람이었다. 줄리아노는 시실리의 귀족을 유괴하여 거액의 보상금을 얻어낸 다음, 그 돈으로 가난한 사람들을 도와주는 등의 행동으로 시실리 민중으로부터 인기를 얻기 시작하였다. 마피아는 줄리아노를 회유하려 하였으나 줄리아노는 잘 설득되지 않았다. 줄리아노는 정치적으로는 시실리의 독립을 원하는 시실리 분리주의자였다. 줄리아노는 시실리의 일상을 지배하고 있는 마피아들과는 뜻이 다른 사람이었다. 사람들로부터 많은 인기를 얻고 있는 줄리아노가 마피아의 반대 편에 서려하자 마피아는 줄리아노의 부하를 매수하여 음모를 꾸몄다.

1947년 5월 1일의 노동절 축제날, 노동절을 축하하기 위하여 농부와 노동자들이 몬테 피주타와 몬테 쿠메타 산봉우리 사이의 분지에 모였다. 매년 있는 축제로서 파시스트 독재에서 해방된 뒤 열린 네 번째의 축제였다. 이 산간 지방의 분지로 올라가는 좁은 통로를 포르텔라 델라 귀네스트라(Portella della Ginestra)라고 부른다. 여기에서 줄리아노의 부하, 살바토레 파사템포(Salvatore Passatempo)가 노동자와 농민들에게 기관총과 권총을 발포하여 11명의 사망자와 27명의 부상자를 낸다. 시실리의 노동자와 농민들은 '포르텔라 델라 귀네스트라의 대학살(Massacre of Portella della Ginestra)'을 줄리아노의 짓으로 알고 줄리아노에게 등을 돌렸고, 1948년의 선거에서 드디어 마피아가 지원한 기독민주당이 집권하는 데에 성공한다.

포르텔라 델라 귀네스트라 대학살 이후 줄리아노는 마피아와 완전히 등지게 되었고, 복수로 몇 명의 마피아를 살해하기도 하였으나 결국은 친구이자 가장 믿었던 부하인 가스파레 피치오타(Gaspare Pisciotta)에게 배신당하여 피살된다. 1950년 7월 6일의 일이다. 살바토레 줄리아노의 이야기는 마리오 푸조(Mario Puzo)의 소설 『시실리안』의 줄거리로 이용되었다. 『시실리안』은 소설 『대부』의 일종의 외전으로서, 시실리로 피신해

있던 마이클 콜레오네를 안전하게 미국으로 데려오기 위하여
살바토레 쥴리아노와 시실리안 마피아가 대립해 있던 당시의
상황을 절묘하게 줄거리에 이용하였다.

아메리칸 마피아, 1963년 케네디 대통령 암살까지

쿠바 컨벤션

1934년의 컨벤션 이후 두 번째 혹은 세 번째로 마피아와 신디케이트의 전국 규모 컨벤션이 1946년 12월, 쿠바의 하바나에서 열렸다. 여기에는 이탈리아로 추방된 찰스 루치아노와 미국으로 돌아오는 중이던 비토 제노베제도 참석하였다. 당시 쿠바는 마피아의 중요한 투자처가 되어 있었다. 미 중산층이 가장 가고 싶어 하는 관광지로 손꼽히던 쿠바에는 마피아가 투자하여 세워진 호텔-카지노 복합체가 많았다. 마피아의 쿠바 사업은 마이어 랜스키가 주도하였으며, 아무리 늦게 잡아도 1933년부터는 시작되었던 것으로 보인다. 1933년 금주법이 종료되기 전부터 마피아는 밀주사업 이후의 수익사업을 생각하고 있었고, 결국 도박사업으로 뜻을 모으고 있었다. 그들은 도박이 불법으로 규정된 미 본토를 떠나 카리브 해의 쿠바에 호텔과 카지노를 포함한 복합 유흥단지를 건설하기 시작하였다. 마피아의 쿠바 사업은 1959년 1월에 쿠바에서 혁명이 일어나기 전까지 모두 100억 달러에 육박하는 규모였다고 한다. 하바나의 리비에라 호텔, 내쇼널 호텔, 카프리 호텔 등 많은 호텔-카지노가 이들의 투자로 세워졌다.

쿠바 컨벤션에는 이탈리아에서 온 찰스 루치아노, 비토 제노베제 외에도「루치아노 패밀리」로부터 프랭크 코스텔로, 죠아도니스(Joe Adonis), 마이어 랜스키가 참석하였다. 뉴욕「프로파치 패밀리」에서는 죠셉 프로파치가 언더보스인 죠셉 말리오코를 데리고 참석하였고,「보나노 패밀리」의 죠셉 보나노도 참석하였다.「갈리아노 패밀리」에서는 토마스 갈리아노가 참석하지 못하고 언더보스인 토마스 루케제가,「망가노 패밀리」에서는 역시 보스인 빈센트 망가노가 참석하지 못하고 언더보스인 알버트 아나스타샤가 참석하였다. 시카고 아웃트 피트에서는 안토니 아카르도가 알 카포네의 친척인 피셰티 형제(Charlie & Rocco Fischetti)를 데리고 참석하였다. 뉴욕 주의 버팔로로부터는 스테파노 마가디노가, 클리블랜드로부터는 죤 스칼리지(John Scalisi)가, 뉴올리언즈로부터는 카를로스 마르셀로가, 플로리다 주 탐파로부터는 산토스 트라피칸티 주니어

(Santos Trafficante Jr.)가 참석하였다.

이 외에도 윌리 모레티(Willie Moretti), 마이크 미란다(Mike Miranda) 등의 수많은 쟁쟁한 멤버가 이 1946년의 쿠바 모임에 참석하였다. 마피아의 후원을 받고 있던 가수 프랭크 시내트라(Frank Sinatra)도 이 모임에 참석하였다. 오랜만에 만난 이들은 서로간의 우정을 돈독히 하고, 은밀한 거래를 의논하였을 것이다. 루치아노는 1946년 10월에 비행기 편으로 브라질로 날아온 다음, 베네주엘라와 멕시코를 거쳐서 쿠바에 도착해 있었다. 쿠바의 국회의원인 에두아르도 리바가 루치아노의 뒤를 봐주고 있었다. 찰스 루치아노는 동료들로부터 기립박수를 받는 큰 환대를 받았다고 한다.

쿠바 모임에서는 뉴욕 패밀리의 서부 대리인인 벤자민 시겔에 대한 문제가 토의되었다. 벤자민 시겔은 조직의 돈으로 라스베이거스에 플라밍고라 하는 호텔-카지노를 짓고 있었으나 난항을 겪고 있었고, 조직의 돈을 빼돌렸다는 의심을 받고 있었다. 결국 쿠바 모임 후 얼마 지나지 않은 1947년 6월 20일, 벤자민 시겔은 비벌리 힐즈의 한 저택에서 저격을 받고 사망한다. 벤자민 시겔은 일찍이 귀제뻬 마세리아를 히트한 4인의 히트맨 중의 한 사람이었고, 찰스 루치아노, 마이어 랜스키와 초기부터 사업을 함께 한 단짝 동료였다. 시겔이 처형된 이유는 라스베이거스에 막 개장한 플라밍고 호텔-카지노의 경영이 큰 적자를 내고 있는 것, 서부 쪽에서 갈등을 빚은 유선전신 사업 건에서 뉴욕의 이익을 확실히 대변하지 못한 것, 그리고 조직의 돈을 횡령한 것 등이었다.

찰스 루치아노는 쿠바 컨벤션이 끝나고도 계속 쿠바에 머물면서 조직에 대하여 영향력을 미치려고 노력하였으나, 미 정부의 강력한 요청에 따른 쿠바 당국의 결정으로 강제 추방되고 만다. 1947년 2월의 일이다. 루치아노 강제 추방의 배경에는 과거 동료들의 음모가 있었다는 해석도 있다.

1950년에는 상원의원 에스테스 케파우버(Estes Kefauver)의 제창에 의하여 조직범죄를 조사하기 위한 위원회(Senate Kefauver Committee)가 열려 1951년 9월까지 지속되었다. 위원회는 때마침 보급되기 시작한 텔레비전을 통하여 생방송으로 중계되었는데, 미국민들은 이 상원 특별위원회의에 대하여 많은 관심을 가져 매우 높은 시청률을 기록했다고 한다.

비토 제노베제와 프랭크 코스텔로의 뉴욕 대전쟁

뉴욕의 「루치아노 패밀리」에서는 1947년에 비토 제노베제가 돌아온 뒤, 사업의 주도권을 놓고 그간 패밀리의 리더였던 프랭크 코스텔로와 권력 다툼이 벌어지기 시작하였다. 찰스 루치아노가 감옥에 가고 없었던 1930년대 말에도 제2인자의 자리를 놓고 비토 제노베제와 프랭크 코스텔로가 다툼을 벌인 적이 있었다. 이때는 제노베제가 살인 혐의에 대한 당국의 수사를 피하기 위하여 출국해 버리는 바람에 두 사람 간의 우열을 가릴 시간적 여유가 없었다.

두 사람의 스타일은 매우 대조적이었던 것으로 알려진다. 1891년생으로 비교적 나이가 많은 편인 프랭크 코스텔로는 우선적으로 폭력을 배제하며, 항상 대화로 문제를 해결하려는 타입이었다. 뇌물과 개인적 영향력을 이용하여 수많은 공직자들과 친분을 트고 있었다. 비토 제노베제는 보다 직접적인 해결책을 선호하는 성격이었다. 코스텔로보다 6살이 적은 제노베제는 1931년에 벤자민 시겔과 함께 귀제뻬 마세리아를 히트한 4인의 히트맨 중의 한 사람이기도 했으며, 마란자노가 루치아노를 제거하려했을 때 함께 없애려고 마음을 먹었을 만큼 능력 있는 사람이었다.

뉴욕으로 돌아온 후 비토 제노베제는 패밀리의 액팅보스인 프랭크 코스텔로의 권위를 깎아내리려 노력하였다. 비토 제노베제는 타 패밀리의 토마스 루케제, 카를로 갬비노(Carlo Gambino)와 연맹을 맺고자 하였고, 이에 맞선 프랭크 코스텔로는 윌리 모레티, 알버트 아나스타샤와 연합전선을 구축하였다. 이 두 그룹의 갈등은 뉴욕의 5대 패밀리를 모두 전쟁 상태로 몰아넣었으며, 이들의 동맹 관계로 말미암아 일부 패밀리에서는 내분이 일어나기도 했기 때문에 뉴욕의 암흑가는 일촉즉발의 팽팽한 긴장 관계를 유지하게 된다. 이 패밀리를 초월한 전쟁은 1957년에 가서야 제노베제 그룹의 승리로 결말이 난다. 이를 '1957년의 뉴욕 대전쟁(Five Families War of 1957)'이라고 한다.

1951년에 「망가노 패밀리」의 보스인 빈센트 망가노가 실종되고 언더보스였던 알버트 아나스타샤가 조직의 보스가 되는 사건은 뉴욕 대전쟁이 있기 전에 발생한 의미 있는 사건 중의 하나이다. 빈센트 망가노는 알버트 아나스타샤에 의해 히트되었다는 것이 정설이다.

1953년에는 「갈리아노 패밀리」의 보스인 토마스 갈리아노가 심장병으로 사망하고 그 언더보스였던 토마스 루케제가 보스로 승진한다. 이 조직은 맨해튼의 의류노조를 조종함으로써 의류사업으로부터 이익을 창출하고 있었다.

드디어 1957년 5월 2일, 제노베제가 보낸 히트맨에 의해서 프랭크 코스텔로가 머리에 총격을 받아 부상을 입는 일이 발생한다. 히트맨은 권총을 머리에 딱 붙이고 발사하였기 때문에 코스텔로가 틀림없이 사망한 줄로 알고 현장을 떴다. 그러나 코스텔로는 천우신조로 목숨을 부지할 수 있었다. 이어 1957년 10월 25일, 알버트 아나스타샤가 단골인 파크 쉐라톤 호텔의 이발소에서 총격을 받아 살해된다. 코스텔로의 행동대였던 아나스타샤가 죽음으로써 뉴욕 대전쟁은 비토 제노베제의 승리로 끝이 났다. 1957 뉴욕 대전쟁은 소설 『대부』의 소재가 된 전쟁이다.

프랭크 코스텔로는 비토 제노베제의 허락을 받아 목숨을 부지한 채 업계에서 은퇴한다. 알버트 아나스타샤의 뒤를 이어서는 카를로 갬비노가 보스가 된다. 「망가노 패밀리」였던 이 조직은 오늘날 「갬비노 패밀리」로 알려져 있다. 그러나 제노베제의 승리는 일시적인 것이었다. 비토 제노베제가 1959년에 마약 관련 혐의로 구속, 수감되어 감옥생활을 하다가 결국 1969년에 감옥 안에서 72세를 일기로 사망한 것을 생각하면, 천수를 누리고 1973년에 길거리가 아닌 침대에서 임종한 프랭크 코스텔로를 최후의 승리자라고 볼 수 있는 것이다. 프랭크 코스텔로는 82세를 일기로 사망하였다.

프랭크 코스텔로.
지하세계의 수상. 1940년경(추정).

애플러킨 컨벤션과 케네디 암살

비토 제노베제는 프랭크 코스텔로와 알버트 아나스타샤를 제거하고 보스 중의 보스로 올라선 뒤, 자신의 자리를 확고히 만들고자 전 미국의 마피아와 신디케이트 모임을 소집하였다. 때는 1957년 11월 14일이었고, 장소는 뉴욕 주의 서쪽에 있는 작은 마을 애플러킨(Apalachin)에 있는 마피아 멤버 죠셉 바바라(Joseph Barbara)의 저택이었다. 쿠바 컨벤션 이후로 열린 첫번째의 전국 규모 모임이었다.

그러나 이 애플러킨 컨벤션은 외부에 노출됨으로써, 마피아와 신디케이트 모임의 존재가 백일하에 드러나게 되는 충격적인 사건이 된다. 회담 장소를 관할하고 있는 죠셉 바바라, 그 상위자인 스테파노 마가디노는 물론, 모임의 주최자인 비토 제노베제의 체면도 많이 손상된 것은 물론이다. 한적하고 조용한 시골 마을에 다른 주의 번호판을 단 수많은 고급 차들이 모여드는 것을 수상하게 여긴 지방경찰이 동료들과 함께 수색에 나서, 이 회합을 적발하게 된 것이다. 결국 이곳에 모인 약 100명의 갱 중 58명이 경찰에 의해 억류되었고, 최종적으로는 이 중 27명에게 유죄의 판결이 내려진다. 혐의는 사법정의 실현의 방해 등이었다. 이 사건은 미국의 모든 신문과 방송의 헤드라인을 장식하였다. 경찰에 의해 억류된 마피아 보스들은 얼굴이 노출되어 훗날의 행동에 많은 제약을 받게 된다. 1957년의 애플러킨 컨벤션 사건은 아메리칸 마피아의 역사에서 가장 중요한 사건이다. 이 사건 이전과 이후를, 이를테면 예수 탄생 이전과 이후인 BC와 AD로 비견할 수 있을 정도이다.

참석자 중 27명에게 유죄의 판결이 내려졌으나, 이를 제외하고는 이 사건을 계기로 하여 특별히 달라진 사법기관의 활동은 없었다. 조직범죄를 단죄하고자 하는 입법 시도도 없었다. 이는 주로 FBI의 국장인 존 에드거 후버의 입김이 반영된 것이었다. 그러나 1961년에 법무장관으로 임명된 로버트 케네디(Robert F. Kennedy)는 이 사건을 바탕으로 미국의 조직범죄의 실상을 연구한 뒤, 그들의 소탕작전에 나서게 된다.

1959년 1월 1일, 마피아가 엄청난 투자를 해놓은 쿠바에서 혁명이 일어났다. 피델 카스트로(Fidel Castro)는 쿠바 민중의 지지를 등에 업고 혁명을 성공시켰고, 쿠바에 투자한 외국기업의 재산을 몰수하였다. 이 과정에서 마피아는 상상하기 힘든 손해를 입었고, 카스트로의 목에 100만 달러의 현상금을 건다.

마피아는 1961년에 제35대 미국 대통령으로 취임한 존 F. 케네디(John F. Kennedy)가 쿠바를 수복해주기를 기대하고 있었다. 그러나 케네디 행정부는 쿠바 수복에 소극적이었으며, 오히려 법무장관이자 케네디 대통령의 친동생인 로버트 케네디는 마피아를 핍박하려고 하고 있었다.

1963년 11월 22일, 케네디 대통령은 재선 운동차 들른 텍사스 주 달라스에서 암살된다. 케네디 대통령을 저격했다는 혐의로 체포된 사람은 리 하비 오스왈드(Lee Harvey Oswald)라는 사람이었는데, 오스왈드는 케네디 암살 이틀 후인 11월 24일에 잭 루비(Jack Ruby)에게 다시 살해된다. 잭 루비의 본명은 제이콥 루빈슈타인(Jacob Rubenstein)이며, 1947년에 시카고 아웃트 피트로부터 파견되어 텍사스 주와 달라스에서 아웃트 피트의 이익을 대변하고 있는 사람이었다.

케네디 암살 사건의 공식적인 해명은 리 하비 오스왈드에 의한 단독 범행이나, 그 실상에 대해서는 아직까지도 많은 논란이 있다. 케네디 암살에 있어서 마피아가 일정 역할을 수행한 것은 분명하나, 100퍼센트의 책임을 가지고 있다고는 볼 수 없다. 케네디 암살 사건과 가장 관계가 깊다고 알려진 마피아 보스는 시카고의 샘 잔카너와 뉴올리언즈의 카를로스 마르셀로이다.

시실리안 마피아, 1980년 마피아 대전쟁과 최근의 주요 사건들

1957년 10월 10일부터 14일까지, 시실리 팔레르모의 한 호텔에서 아메리칸 마피아와 시실리안 마피아의 대회동이 있었다. 이탈리아에 체류중이던 아메리칸 마피아의 대부격인 찰스 루치아노도 참석하였다. 찰스 루치아노는 나폴리에 살고 있었으나 지속적으로 미국 마피아의 사업과 정책에 영향을 미쳤고, 시실리안 마피아도 루치아노의 견해를 경청하였다.

미국에서는 「보나노 패밀리」의 보스인 죠셉 보나노가 언더보스인 카르미네 갈란테와 멤버인 존 보나벤츄라(John Bonaventre)를 데리고 참석하였다. 시실리 쪽에서는 칼로제로 비지니의 후계자 격인 귀제뻬 젠코 루소 그리고 「그레코 패밀리」의 살바토레 그레코(Salvatore Greco), 「치니지 패밀리」의 가에타노 바달라멘티(Gaetano Badalamenti), 「포르타 누오바 패밀리」의 토마소 부세타(Tommaso Buscetta) 등이 참석하였다. 아메리칸 마피아의 이름이 주로 보스의 이름을 따라 명명되었던 데에 비하여 시실리에서는 대개 지역의 이름을 따라 불렸다.

팔레르모 회동에서 루치아노는 미국에서와 같은 위원회의 필요성을 주창하여 관철시킨다. 그간 시실리의 마피아 패밀리들은 서로 갈등을 빚으며 따로 일해 왔던 것이다. 시실리 마피아의 위원회는 큐폴라(Cupola)라고 불리게 되었는데 첫 의장으로 살바토레 그레코가 선출되었다. 큐폴라의 덕으로 1957년부터 1963년까지 팔레르모는 평화로웠다. 이 사이 팔레르모에서 살해된 마피아는 없었다.

국제 마약사업

같은 시기 뉴욕에서는 헤로인 값이 1kg당 12,000달러에서 22,000달러로 뛰었다. 이는 1957년 이후로 마약의 국제적인 거래가 조직화되었기 때문인 것으로 보인다. 시실리안 마피아는 마약 거래의 국제 네트워크화를 위해서 지명도 높은 루치아노의 이름을 빌어 사용하였다고 한다.

1962년에는 전설적인 미국 마피아의 황제 찰스 루치아노가 심장 질환으로 나폴리 국제공항에서 사망하였다. 향년 65세였다.

이 시기를 전후해서는 시실리 내륙의 작은 마을이며, 소설 『대부』에서도 언급되었던 콜레오네의 사정을 살펴보는 것이 의미가 있다.

시실리 수복 후, 연합군에 의해 콜레오네의 시장으로 임명된 사람이 마피아의 일원이며, 존경받는 외과의사였던 마이클 나바라였다. 마이클 나바라의 심복이었던 루치아노 레기오(Luciano Leggio)는 마이클 나바라의 히트 시도로부터 몸을 피하여 오히려 나바라를 살해하고, 자신이 「콜레오네 패밀리」의 보스가 된다. 1958년의 일이다. 마이클 나바라가 보낸 히트맨으로부터 레기오가 목숨을 건진 데에는 그의 부하, 살바토레 리나(Salvatore Riina)의 도움이 컸다. 이후 루치아노 레기오와 살바토레 리나가 이끄는 「콜레오네 패밀리」는 점진적으로 전 시실리안 마피아의 사업에 있어 주도권을 쥐려고 애썼고, 여기에 반대하는 토마소 부세타, 가에타노 바달라멘티 등의 그룹과의 처절한 투쟁이 시작된다.

국제 헤로인 비즈니스가 활황을 이루면서, 큐폴라가 이루어낸 평화는 1963년부터 금이 가기 시작하여, 살바토레 그레코, 토마소 부세타, 루치아노 레기오의 그룹과 또 다른 마피아 그룹인 라 바르베라 형제(Angelo & Salvatore La Barbera) 그룹 사이에 전쟁이 시작되었다. 전쟁은 격화되었고 1963년 6월 30일, 「그레코 패밀리」의 근거지인 치아쿨리(Ciaculli)에서 200파운드의 다이너마이트 폭파 테러가 일어남으로써 마피아 전쟁은 전 이탈리아에서 격심한 비난을 받게 된다.

시실리 방면 담당 이탈리아군 장군인 알도 데 마르코(Aldo De Marco)는 마피아에 대한 무자비한 수색작전에 나섰는데, 이는 1927년부터의 독재자 무솔리니의 탄압에 비견할 만한 것이었다. 10,000명이 넘는 경찰과 군대가 동원되었고, 모든 종류의 무기가 압수되었다. 1,903명의 마피아 용의자가 체포되었고, 이 중에서 114명의 마피아 멤버가 기소된다.

1963년 여름, 여섯 명의 마피아 보스가 이러한 당국의 탄압에 대한 대책회의를 가졌다. 이들은 큐폴라를 해산하고, 당분간 모든 마피아의 사업을 중단하기로 했다. 마피아 보스들은 시실리와 이탈리아를 떠나 전 세계로 흩어졌다. 이로 인해 1963년을 기하여 다시 한번 시실리안 마피아의 사업이 세계화되기 시작한다. 무솔리니의 탄압에 의하여 마피아의 멤버가 전세계로 흩어졌던 1920년대 중반에 이어 두 번째이다.

토마소 부세타는 뉴욕으로 가서 뉴욕「갬비노 패밀리」에 몸을 의탁하였다가, 다시 브라질로 간다. 토마소 부세타가 뉴욕에 도착한 1965년을 전후하여 많은 시실리안 마피아 멤버가 미국으로 입국하였다. 1928년생인 토마소 부세타는 그후 1984년에 마피아를 배신하여 당국에 협조하게 되지만, 활동한 기간 동안에는 위대한 보스 중의 한 사람이었던 것으로 평가받는다.

이탈리아 당국의 탄압 강도가 약해진 1970년, 살바토레 그레코, 토마소 부세타와 가에타노 바달라멘티,「산타마리아 디 제주 패밀리」의 스테파노 본타데(Stefano Bontate) 등이 이탈리아에서 모여 다시 큐폴라를 결성하기로 결정하였고, 여기에는 루치아노 레기오도 포함시키기로 하였다.

「콜레오네 패밀리」의 보스인 루치아노 레기오는 다른 마피아 보스들이 외국에 나가 있는 동안 시실리에 머물면서 당국의 수사를 피하며 영향력을 키우고 있었다. 그리하여 1970년 6월, 큐폴라가 다시 결성되면서 루치아노 레기오는 처음으로 큐폴라에 발을 내딛는다.

1972년에는 프랑스 코르시칸 갱의 브라질 마약사업이 노출되고, 이와 관련하여 토마소 부세타가 브라질에서 체포되어 이탈리아로 강제 출국된다. 1974년에는 루치아노 레기오가 살인 혐의로 체포되어 수감되었고 살바토레 리나가 「콜레오네 패밀리」의 액팅보스가 된다. 루치아노 레기오는 감옥 안에서 여전히 영향력을 발휘하였다. 살바토레 리나에 의해 시실리안 마피아는 이탈리아 남부의 갱단 카모라(Camorra)와 제휴한다. 그리고 1975년에는 터키 갱단과 제휴하였다.

시실리안 마피아의 대전쟁

잠시 미국의 사정을 살펴보면, 1976년에 「보나노 패밀리」의 중간 보스인 피에트로 리카타(Pietro Licata)가 피살되며 시실리인들이 리카타의 구역인 뉴욕 니커보커 애비뉴를 장악하는 일이 벌어진다. 그 배경에는 「보나노 패밀리」의 보스인 카르미네 갈란테의 허락이 있었다. 카르미네 갈란테는 1974년부터 패밀리의 리더십을 장악하기 시작하였으며, 시실리인들과의 마약사업에 의욕을 보이고 있었다.

이 무렵 시실리에서는 살바토레 리나, 스테파노 본타데, 살바토레 인제릴로(Salvatore Inzerillo)의 3인이 큐폴라의 공동의장 역할을 하였다.

1981년 3월부터 살바토레 리나 그룹과 토마소 부세타, 가에타노 바달라멘티, 스테파노 본타데, 살바토레 인제릴로 그룹 간에 마약사업과 그 분배를 둘러싸고 전쟁이 시작되었다. 이 전쟁은 1983년까지 지속된다. 이를 '시실리안 마피아의 대전쟁(Great Mafia War of Sicily)'이라 부른다.

그러나 이 전쟁의 성격은 일반인들에게는 십여 년이 지난 후에야 밝혀지게 된다. 당시에는 하나씩, 둘씩 죽어가는 마피아 보스들이 대체 정확히 어떤 이유로, 누구에 의하여 피살되고 있는지 확실히 아는 사람은 아무도 없었다.

우선 1981년 4월 2일, 「산타마리아 디 제주 패밀리」의 스테파노 본타데가 피살된다. 5월 11일에는 「우디토레 패밀리」의 살바토레 인제릴로가 피살되었다. 이후로도 살바토레 인제릴로의 집안에서 21명이 피살된다. 가에타노 바달라멘티의 집안에서는 11명의 친척이 피살되었다. 스테파노 본타데의 「산타마리아 디 제주 패밀리」에서 3년간 약 120명의 마피아 멤버가 피살되었다.

1982년 8월에는 토마소 부세타의 조카가 브라질에서 실종된다. 다시 2주 후, 부세타의 두 아들이 팔레르모에서 실종되었다. 1982년 12월, 부세타의 사위가 팔레르모의 피자집에서 피살되고, 다시 3일 후 부세타의 큰 형 빈센쪼 부세타(Vincenzo Buscetta)가 아들과 함께 팔레르모에서 피살된다. 이 모든 사건은 감옥에 있는 루치아노 레기오가 보내는 지침에 따라 살바토레 리나가 실행한 것이었다.

결국 1983년에 살바토레 리나가 「포르타 누오바 패밀리」의 피포 칼로(Pipo Calo), 「그레코 패밀리」의 마이클 그레코(Michele Greco)의 지원에 힘입어 보스 중의 보스, 큐폴라의 의장으로 선출되며 마피아 대전쟁은 끝이 난다.

1983년, 토마소 부세타가 다시 브라질에서 체포되어 이탈리아로 압송되었는데, 부세타는 두 아들과 그간 희생된 집안 사람들의 복수를 위하여 당국에 전향하기로 결심한다. 토마소 부세타는 그동안 당국에 협조했던 시실리안 마피아의 보스 가운데 가장 지위가 높고, 그 내막을 잘 아는 보스였다. 1984년에는 가에타노 바달라멘티가 스페인 마드리드에서 체포되어 미국으로 보내졌다.

피자 트라이얼과 맥시 트라이얼

시실리안 마피아의 국제적 마약사업은 토마소 부세타의 증언과 그간의 이탈리아와 미국 당국의 노력에 의하여 재판정에 오르게 되었는데 1985년부터 미국에서 시작된 재판을 피자 트라이얼이라 하고, 1986년부터 팔레르모에서 시작된 재판을 맥시 트라이얼(Maxitrial)이라 한다. 맥시 트라이얼의 담당 판사는 지오바니 팔코네(Giovanni Falcone)와 파올로 보르셀리노 (Paulo Borsellino) 판사였다.

시실리안 마피아의 헤로인 밀무역과 관련된 맥시 트라이얼의 판결은 1987년 11월부터 1988년에 걸쳐 내려졌다. 마피아 재판 역사상 가장 규모가 큰 재판이었으며, 총 344명의 피고에게 총 2,665년의 징역이 선고되었다. 거기에는 토마소 부세타의 증언이 중대한 역할을 하였다.

1992년에는 놀랍게도, 지오바니 팔코네 판사와 파올로 보르셀리노 판사가 피살된다. 이는 살바토레 리나의 지령에 의한 것으로 생각되고 있다. 아메리칸 마피아가 판사, 보안관, 경찰 등 정부의 사법 관리들에게는 절대로 손을 대지 않는 것을 원칙으로 하고 있는 반면, 시실리안 마피아는 사업과 복수에 관한 한 예외를 두지 않고 있는 것이다.

1993년, 마침내 「콜레오네 패밀리」의 보스이며 마피아 대전쟁의 승자였던 보스 중의 보스, 살바토레 리나가 이탈리아 당국에 의하여 체포된다. 그 후에는 「콜레오네 패밀리」의 베르나르도 프로벤자노(Bernardo Provenzano)가 살바토레 리나의 뒤를 이어 큐폴라의 의장이 되었다.

아메리칸 마피아, 2002년까지의 사정

죠셉 발라키의 상원 맥클랜 위원회 증언

애플러킨 컨벤션 이후 또 다시 마피아의 존재가 세상에 알려지는 사건이 1963년 10월에 발생한다. 「제노베제 패밀리」의 멤버였던 죠셉 발라키(Joseph Valachi)가 상원 맥클랜 위원회에 증인으로 출석하여 마피아의 존재에 대하여 생생하게 증언한 것이다. 상원 맥클랜 위원회는 1950~1951년의 상원 케파우버 위원회의 뒤를 이어 조직범죄의 영향을 조사하던 위원회였다.

발라키는 1904년생으로 '카스텔라마레세 전쟁' 때에는 살바토레 마란자노의 부하로 활약한 히트맨이었다. 마란자노가 살해된 후, 발라키는 「제노베제 패밀리」로 배속되어 활동을 계속하였는데 1959년에 마약과 관련된 혐의로 기소, 수감된다.

발라키는 당시 아틀랜타 연방 형무소에서 함께 수형생활을 하던 비토 제노베제의 무표정한 얼굴을 보고는, 제노베제가 자신을 배반자로 생각한다고 오해하게 된다. 침묵의 코드인 오메르타를 어긴 멤버는 반드시 처형하고야 마는 조직의 규칙을 너무나 의식하게 된 발라키는 동료 죄수 중의 한 사람을 자신을 죽이러 온 히트맨으로 오인하여 살해함으로써 일급살인 혐의가 추가된다. 그리고 그는 결국 사형을 피하기 위해서 조직을 배반할 수밖에 없게 된다.

죠셉 발라키는 상원 맥클랜 위원회에 출석하여 '카스텔라마레세 전쟁'과 찰스 루치아노에 의한 지하세계 평정 등 그간의 마피아 활동에 대하여 자세하게 증언하였다. 발라키는 또 마피아의 입단식에 대해서도 증언하였는데 그 내용은 다음과 같다.

새로 입단하게 될 단원들이 보스와 기존 멤버들 앞에 도열한 다음, 원로의 사회로 입단식이 진행된다.

"너희들은 명예로운 코사 노스트라의 써클에 가입하기 위하여 오늘 이 자리에 모였다. 코사 노스트라는 용기와 충성심을 지닌 자만이 가입할 수 있다."

그 다음 나이프와 권총을 꺼내 놓은 뒤, "너희들은 이 칼과 권총으로 살고, 칼과 권총으로 죽는다"라고 말한다. 나이프와 권총은 하나의 상징물이기도 하다.

"이 서클에서 탈퇴하는 것은 오직 너희들이 죽었을 때뿐이다. 모든 것에 앞서서 코사 노스트라를 먼저 생각해야 한다. 코사 노스트라는 가족보다, 나라보다, 신보다 앞서 온다."

"코사 노스트라에서 부름을 받았을 때에는 너희들의 아버지가 임종의 순간에 있다고 해도 즉시 달려와야 한다."

그러고는 순서대로 돌아가며 칼로 손가락을 찔러 피를 내어 그 칼을 어떤 가톨릭 성자의 그림에 대고 피를 묻힌 다음, 그 그림을 불에 태우면서 조직에 대한 충성을 맹세한다고 말한다. 만일 배반했을 경우에는 그 성자의 그림과 같이 배반자의 영혼이 불에 타버릴 것을 믿는다고 맹세를 한다는 것이다.

죠셉 발라키의 증언은 센세이션을 일으켰다. 그러나 1963년 11월로 케네디 대통령이 암살되고, 로버트 케네디 법무장관이 힘을 잃으면서 오히려 조직범죄에 대한 당국의 수사는 완화된다.

명멸(明滅)하는 마피아 패밀리들

뉴욕에서는 1959년, 비토 제노베제가 수감된 후로 지하세계에서의 그의 영향력은 점차로 감소하였고, 「갬비노 패밀리」의 보스인 카를로 갬비노의 세력이 점차로 커졌다. 카를로 갬비노는 「루케제 패밀리」의 보스인 토마스 루케제와 사돈 간이었기 때문에 둘은 연합하여 사업의 주도권을 쥐고 나갔다. 1962년, 죠셉 프로파치가 사망하자 프로파치와 가깝게 지내던 죠셉 보나노는 갬비노의 세력에 더 이상 밀릴 수 없다고 판단하여 카를로 갬비노, 토마스 루케제 등을 히트하려 한다. 죠셉 보나노라면 프로파치가 사망한 현재 뉴욕 5대 패밀리의 보스 중 가장 깊은 연륜을 가지고 있는 원로였다. 그러나 죠셉 보나노는 자신의 부하에 배신당하여 오히려 상대편에 구금되고 만다. 히트의 계획을 갬비노에게 누설한 죠셉 콜롬보 (Joseph Colombo)는 그 대가로「프로파치 패밀리」의 보스가 된다. 이후로 이 패밀리는「콜롬보 패밀리」로 불린다. 그들의 룰에 의하면 죠셉 보나노는 사형선고를 받고도 남을 죄를 지었으나 그의 사촌인 버팔로의 보스인 스테파노 마가디노의 배려로 목숨을 부지할 수가 있었다. 이때의 사정에 대해서는 확실하게 알려지지 않은 것이 많다. 여하간 이 과정을 통해서 죠셉 보나노가 힘을 많이 잃은 것은 분명하다.

죠셉 보나노는 자의반, 타의반으로 아리조나 주 투쏜으로 은퇴하게 된다. 그러나 보나노는 자신의 아들이 히트될 뻔한 사건이 발생하자 분노하여 갬비노의 허수아비인「보나노 패밀리」의 보스 폴 시아카(Paul Sciacca)와 전쟁을 벌인다. 이를 '바나나 전쟁(Banana War)'이라고 한다. 전쟁은 1968년 또는 1969년경에 끝났으며「보나노 패밀리」의 보스는 필립 라스텔리 (Philip Rastelli)가 된다.

1967년에는「루케제 패밀리」의 보스인 토마스 루케제가 뇌암으로 사망하였다. 향년 67세였다. 카를로 갬비노를 위시한 나머지 보스들은 회담을 가져 「루케제 패밀리」의 후계자로 카르미네 트라문티(Carmine Tramunti)를 추천한다. 이 무렵 뉴욕에서 가장 영향력 있는 보스는 카를로 갬비노였다.

1971년에는 「콜롬보 패밀리」의 죠셉 콜롬보가 갬비노의 각본에 의하여 저격당하여 식물인간이 된다. 「콜롬보 패밀리」의 보스는 빈센트 알로이(Vincent Aloi)가 된다.

「보나노 패밀리」에서는 카르미네 갈란테가 12년간의 감옥 생활을 끝으로 출옥하여 필립 라스텔리를 대신해 1974년부터 패밀리를 영도한다. 카르미네 갈란테는 니커보커 애비뉴를 시실리인들에게 주고, 그들과의 헤로인 무역에 깊게 관여한다.

1976년 카를로 갬비노가 노환으로 사망하고, 폴 카스텔라노(Paul Castellano)가 「갬비노 패밀리」의 보스가 되었다. 갬비노는 평생을 범죄인으로 살았지만 74세로 사망할 때까지 단 하루도 감옥에서 밤을 지낸 적이 없었다고 한다.

1979년, 카르미네 갈란테가 시실리인들과 폴 카스텔라노의 각본에 의해 피살된다. 카르미네 갈란테는 그간 시실리인과의 헤로인 밀무역을 독점하려고 했었다. 1985년, 「갬비노 패밀리」의 보스 폴 카스텔라노가 패밀리의 부하인 존 고티(John Gotti)와 새미 그라바노(Sammy Gravano) 등의 배신에 의하여 피살된다.

5대 패밀리의 변천사

1930년대 뉴욕의 5대 마피아 패밀리는 「루치아노 패밀리」

「망가노 패밀리」「갈리아노 패밀리」「보나노 패밀리」「프로파치 패밀리」였다. 이들의 변천사를 살펴보면 다음과 같다.

「루치아노 패밀리」는 보스가 귀제뻬 마세리아 – 찰스 루치아노 – 프랭크 코스텔로 – 비토 제노베제 – 토마스 에볼리로 이어 내려오는 변화를 겪었다. 토마스 에볼리가 1972년에 피살된 뒤에는 프랭크 티에리(Frank Tieri)가 보스가 된다. 오늘날 「제노베제 패밀리」로 불리며, 뉴욕의 5대 마피아 패밀리 중 전통적으로 가장 강력한 조직이다. 현재의 보스는 도미닉 치릴로(Dominick Cirillo)로 추정된다.

「망가노 패밀리」는 알프레드 미네오 – 프랭크 스칼리제 – 빈센트 망가노 – 알버트 아나스타샤 – 카를로 갬비노 – 폴 카스텔라노 – 존 고티의 변화를 겪는다. 오늘날 「갬비노 패밀리」로 불린다. 「갬비노 패밀리」는 카를로 갬비노의 영도 아래에서 1960, 1970년대에 전성기를 누렸으나 1990년에 존 고티가 수감된 이후로는 혼란을 겪고 있다. 현재의 보스는 니콜라스 코로조(Nicholas Corozzo)로 역시 수감중이다.

「갈리아노 패밀리」는 오늘날 「루케제 패밀리」로 통한다. 가에타노 레이나 – 죠셉 핀졸로 – 토마스 갈리아노 – 토마스 루케제 – 카르미네 트라문티 – 안토니오 코랄로(Antonio Corallo)의 변화를 겪는다. 지금의 보스는 죠 디페데(Joe DeFede)로 생각된다.

「보나노 패밀리」는 콜라 스키로와 살바토레 마란자노의 뒤를 이어 보스가 된 죠셉 보나노가 1964년까지 자리에 머물렀다. 그 뒤 몇 사람을 거쳐 1974년부터 1979년까지 카르미네 갈란테(Carmine Galante)가 조직을 이끌었다. 「보나노 패밀리」는 FBI의 장기 잠복근무 작전으로 말미암아 1980년대에 큰 타격을 받는다. 영화로도 알려진 도니 브라스코 오퍼레이션이 그것이다. 현재는 죠 마시노(Joe Massino)가 보스로 있다.

「프로파치 패밀리」는 죠셉 프로파치―죠셉 말리오코―죠셉 콜롬보―빈센트 알로이―죠셉 야코벨리(Joseph Yacovelli)의 변화가 있었다. 오늘날에는 「콜롬보 패밀리」로 불린다. 「콜롬보 패밀리」는 1980년대 중반에 두 파벌로 나뉘어 서로 전쟁을 벌이는 바람에 그 힘이 많이 약화되었다(Colombo War). 현재의 보스는 알퐁스 페르시코(Alfonse Persico)로 알려져 있다.

시카고 아우트 피트의 변천

시카고 쪽의 상황을 살펴보면, 시카고 아우트 피트는 1957년부터 1965년까지 샘 잔카너가 보스였다. 이후 샘 바탈리아(Sam Bataglia), 펠릭스 알데리지오(Felix Alderisio), 재키 체로네(Jackie Cerone) 등이 뒤를 이었다. 현재는 존 디프론조(John DiFronzo)가 조직을 이끌고 있다고 한다.

조직범죄와 관련된 사람의 재산을 몰수할 수 있도록 한 RICO 법이 1970년에 입법되었으나, 실제로 이 법에 의하여 기소된 사건은 1984년이 최초가 된다. 이후로 RICO 법은 미 당국이 마피아 등 조직범죄단과 싸우는 가장 중요한 무기가 된다. 뉴욕의 5대 패밀리, 시카고 아웃 피트 그리고 전 미국의 24대 마피아 패밀리는 RICO에 의하여 위기를 맞게 되며, 특히 뉴욕 마피아는 의욕적인 뉴욕 시장 루돌프 쥴리아니(Rudolph Giuliani)에 의하여 큰 핍박을 당한다.

1992년에는 아웃 피트의 고문인 안토니 아카르도가 노환으로 사망하였다. 향년 86세였다. 그도 평생 동안 단 하룻밤도 철창의 신세를 진 적이 없는 전설적인 마피아 보스였다.

2002년에는 클래식한 정서를 간직한 아메리칸 마피아의 마지막 보스인 죠셉 보나노가 노환으로 사망하였다. 향년 97세. 역시 2002년, 최근 들어 언론의 주목을 가장 많이 받았던 마피아 보스,「갬비노 패밀리」의 존 고티가 62세로 감옥 안에서 사망하였다.

마피아의 사업 위협

밀주사업

아메리칸 마피아의 초기 사업은 이탈리아 이민 사회를 대상으로 보호비를 갈취하는 일이었다. 그러다가 1920년부터 금주법이 시행되면서부터는 밀주사업이 그들의 가장 중요한 사업 아이템이 된다. 밀주업은 불법이기는 하나 사회에서 묵시적으로 용인되는 일이어서, 심한 탈법을 저지르지 않고도 큰 돈을 벌 수 있는 매우 좋은 사업이었다. 밀주사업은 말 그대로 황금알을 낳는 사업이었다. 마피아는 밀주업으로 번 돈을 가지고 경찰, 보안관 등 밀주를 단속하는 위치에 있는 사법 관리들을 매수하는 일도 게을리 하지 않았다. 이때에 형성된 마피아와 미국의 사법 관리의 공생 관계는 우리의 상상을 초월할 정도이다.

마피아 단원 중에는 특히 이러한 일에 능숙한 사람이 있었다. 예를 들면 뉴욕「제노베제 패밀리」의 프랭크 코스텔로, 시카고 아우트 피트의 머레이 험프리(Murray Humphreys) 등이 그들이다.

1920년대 말, 시카고 데일리 뉴스의 보도에 의하면 알 카포네의 시카고 아우트 피트가 1927년 한 해 동안 올린 수입이 자그마치 1억 5백만 달러였다고 한다. 밀주를 비롯하여 매춘, 도박, 고리대금업 등으로 올린 수입이었다. 알 카포네는 1924년부터 1929년까지 한푼의 세금도 내지 않았다는 탈세 혐의로 결국 1931년에 수감된다.

마피아는 밀주사업뿐 아니라 그 관련 사업에도 깊게 관여하고 있었다. 여기에는 유럽에서 양조된 오리지널 위스키, 브랜디 등을 수입해서 판매하는 사업도 있고, 술을 만들어서 배급하는 데에 필요한 기타 주변 사업, 즉 설탕 생산업, 술병 제조사업, 물류업 등이 있었다. 밀주사업의 경쟁은 매우 치열하였기 때문에 마피아는 양조업에 대하여 깊은 노하우를 축적한 전문가들을 확보하게 된다. 1933년에 금주법이 종료된 다음에도 그들이 갖게 된 이러한 노하우를 그대로 사장시키지는 않았을 것으로 생각한다.

노조 경영 사업

밀주사업 이외의 중요한 사업으로 노동조합에 개입하여 수익을 올리는 사업이 있었다. 마피아의 노조 경영 사업은 마피아의 사업을 언급할 때에 절대로 빼놓을 수 없는 항목이다. 일찍이 프랭크 니티, 폴 리카, 쟈니 로젤리 등 시카고 아우트 피트의 수뇌부는 할리우드의 영화 스튜디오를 상대로 갈취를 했다는 혐의로 유죄 판결을 받은 적이 있다.

1934년, 죠지 브라운(George Browne)이라는 사람이 연극 및 영화 관련자 노조(IATSE, International Alliance of Theatrical Stage Employees)의 전미 조합장으로 선출되었는데, 죠지 브라운은 IATSE의 시카고 지부장으로서 일찍부터 시카고 아우트 피트의 사업 대리인이었다. 시카고 아우트 피트는 죠지 브라운을 통해 할리우드의 영화 스튜디오들을 괴롭혀 돈을 갈취하였는데, 1943년에 이들의 갈취가 사건화되었을 때 그들의 부당 이득금은 총 200만 달러를 상회하였다. 그러나 피고들은 겨우 3년을 복역한 뒤에 사면되었고, 출감한 뒤에도 시카고 아우트 피트는 계속 쟈니 로젤리를 서부 지역에 주재시키면서 할리우드를 상대로 사업하였다. 1954년에 아카데미상을 휩쓴 영화 「지상에서 영원으로」에 프랭크 시나트라가 캐스팅되도록 컬럼비아 영화사의 오너인 해리 콘(Harry Cohn)을 설득한 사람이 바로 쟈니 로젤리이다. 이 에피소드는 마리오 푸조에 의하여 소설 『대부』에 그대로 실리게 된다.

마피아의 사업 대상이 된 노동조합은 할리우드에만 있지는 않았다. 마피아는 바텐더 노조, 주류 도매상 노조를 협박하여 레스토랑에서 마피아가 지명하는 브랜드의 주류를 구입하도록 압력을 넣었다. 또한 영화기사 노조를 장악해 영화관을 폭

파하겠다는 협박을 하여 영화배급회사로부터도 돈을 뜯었다.

이들은 의류노조에도 개입하였다. 마피아가 장악한 재단사 노조가 파업에 돌입하면 의류회사들은 막대한 손해를 입기 때문에 이를 막기 위하여 마피아의 요구를 들어줄 수밖에 없었다. 의류회사에 대한 갈취는 노조를 통한 것만이 아니었다. 미국 내에서 팔리는 의류는 1960년대까지 가먼트 디스트릭트(Garment District)라고 하는 뉴욕의 맨해튼 중심 지역에서 약 70퍼센트가 디자인되고, 만들어졌다. 마피아는 가먼트 디스트릭트의 물류 운송을 주로 맡아서 하는 트럭 회사를 직접 소유함으로써 대략 옷 가격의 10퍼센트 정도를 수수료로 떼어 가져가고 있었다.

1992년 현재, 「갬비노 패밀리」는 멤버를 통하여 직접 가먼트 디스트릭트의 운송을 담당하는 물류회사를 경영하고 있었다. 소유주는 카를로 갬비노의 아들인 토마스 갬비노(Thomas Gambino)였다. 토마스 갬비노는 자그마치 트럭 회사 여섯 개를 소유하고 있었다. 가먼트 디스트릭트의 의류노조는 전통적으로 뉴욕의 「루케제 패밀리」가 장악하고 있었는데, 그 보스였던 토마스 루케제가 1967년에 사망한 이후로는 「갬비노 패밀리」의 입김이 많이 작용하게 되었다. 의류회사들은 마피아의 물류회사에 상대적으로 비싼 운임을 지불하면서 제품의 운송을 맡기고 있었다. 왜냐하면 이들 회사를 이용하지 않았을 때에 발생할 수 있는 일을 너무나 잘 알고 있었기 때문이다.

마피아는 전국 규모의 트럭 운전사 노조에도 강력한 영향력을 행사하고 있었다. 여기에는 시카고 아우트 피트와 뉴욕의 「제노베제 패밀리」그리고 클리블랜드 패밀리가 속한다. 특히 시카고 아우트 피트는 전미 트럭 운전사 노조, 즉 팀스터 노조(International Brotherhood of the Teamsters Union)의 제4대 조합장 제임스 호파(James Hoffa), 제5대 조합장 프랭크 핏시몬즈(Frank Fitzsimmons) 등과 깊은 관계를 유지하였다.

마피아가 영향력을 행사하고 있는 노동조합을 하나 더 소개하자면, 바로 항만 노동조합이다. 뉴욕의 「갬비노 패밀리」는 초기부터 항만 노조를 통하여 뉴욕의 브루클린 부두를 장악하고 있었다. 「갬비노 패밀리」의 중간 보스가 브루클린 부두의 항만 노조 조합장을 역임하고 있었으며, 동시에 전 미국 항만 노조의 부회장직도 맡고 있었던 것이다. 에밀 까마르도(Emil Camardo), 안토니 아나스타지오(Anthony Anastasio), 안토니 스코토(Anthony Scotto) 등이 그들이다. 조합장의 지위가 에밀 까마르도에서 안토니 아나스타지오로 넘어간 것이 대략 1951년경이었다. 안토니 아나스타지오가 사망하고 안토니 스코토로 바뀐 것이 1963년이다. 배를 이용한 밀수출·입업, 마약 운반, 화물 부리는 일에 대한 수수료와 급행료 징수 등의 수입을 올릴 수 있는 일은 얼마든지 있었다.

호텔-카지노 사업

시카고 아우트 피트는 팀스터 노조의 노조원 연금 기금을 아주 유리한 조건에 대출받아, 그 돈으로 라스베이거스에 호텔-카지노를 건설하였다. 라스베이거스의 리비에라 호텔, 스타더스트 호텔, 트로피카나 호텔 등이 그것이다. 이들은 이렇게 남의 돈으로 호텔-카지노 복합체를 건설한 다음, 카지노로부터 현금 수입을 빼돌리는 수법으로 세금을 피하며 수입을 올렸다. 카지노로부터 마피아가 올린 수입을 짐작해볼 수 있는 한 사건을 보도록 하자.

1970년, 마피아의 황제 찰스 루치아노의 브레인이었던 마이어 랜스키가 미 연방 정부로부터 기소될 뻔한 위기에 처한 적이 있다. 혐의는 라스베이거스의 플라밍고 호텔-카지노로부터 지난 1960년대, 10년간 3천 6백만 달러를 불법으로 빼돌렸다는 것이었다. 마이어 랜스키는 기소되기 직전에 출국하여 이스라엘에 입국하였고, 이스라엘에 시민권을 신청하였다가 거부되어 1972년에 다시 미국으로 돌아오게 되는데, 미 연방 대배심은 랜스키의 건강이 나쁘다는 이유로 그에게 사면령을 내렸다. 같은 사건의 다른 피고 두 명은 각각 5개월의 징역과 1년의 징역을 받았다. 10년 동안 단 한 군데의 호텔-카지노에서만 자그마치 3천 6백만 달러를 거둬들였다. 마피아의 호텔, 카지노 경영 방법의 예를 한 가지 더 들어보기로 하자.

알렌 글릭(Allen Glick)이라는 사람은 월남전에 참전했다가 퇴역한 재향군인이었다. 1969년에 제대한 뒤로 샌디에이고에서 부동산업에 몸담았다. 이렇다 할 재산이 없었던 알렌 글릭은 1974년, 팀스터 노조의 연금 기금을 대출받아 라스베이거스의 호텔-카지노를 인수하기 시작하였다. 알렌 글릭이 대출받은 액수는 총 1억 5천만 달러라는 천문학적인 숫자였다. 알렌 글릭은 이 돈으로 스타더스트, 프레몬트, 하시엔다, 마리나 등 라스베이거스의 호텔-카지노를 차례로 인수하여 30대 초반의 어린 나이로 일약 라스베이거스의 호텔왕이 된다.

이는 사실은 시카고 아웃트 피트와 클리블랜드, 캔자스 시티, 밀워키의 마피아 패밀리가 합작하여 팀스터 연금 기금을 알렌 글릭에게 대출해주어 호텔을 인수할 수 있도록 만들어주고 실제의 호텔 경영은 마피아가 한 것이다. 그리하여 호텔 부설 카지노로부터 엄청난 현금 수입을 빼돌린 것이다. 나중에 이 일이 문제가 되어 연방 대배심에서 증언하게 되었을 때에 알렌 글릭은 프랭크 발리스트리에리(Frank Balistrieri)가 밀워키 마피아의 보스인 줄은 전혀 몰랐다는 식으로 발뺌을 하였다. 이 프로젝트로 인한 마피아의 수입은 슬롯 머신 한 가지만 따져보아도 최소한 연간 7백만 달러를 넘었을 것으로 추정된다.

카지노와 같은 대형 도박업뿐 아니라 도시 빈민들을 대상으로 한 숫자 도박이나 복권업, 프로 스포츠에 기생한 스포츠 도박도 마피아는 영위하고 있다. 경마장의 마권 도박을 주업으로 하는 도박사들도 모두 마피아에 일정 퍼센트의 수수료를 지불하고 있다. 경마장을 운영하는 사람은 전과가 없는 깨끗한 사람들이지만, 카지노의 경우에서와 같이 경마장의 실제 주인은 대개 마피아 패밀리였다. 서류상의 소유주는 전과가 전혀 없는 프론트맨, 실제로 자금을 대고 이익금을 가져가며 경영에도 영향력을 미치는 사람은 마피아, 이런 방식이었다.

상납금, 하이재킹

그 밖에 불법고리대금업과 하이재킹도 전통적인 마피아의 수입원이다. 또한 상납금 수입도 중요한 비중을 차지한다. 고리대금업이란 은행 등 합법적 금융기관에서 돈을 빌기 힘든 사람들을 대상으로 고금리의 대출을 운용하는 일을 말한다. 도박사, 사기꾼 등 범법자들이 주 고객이 된다.

하이재킹이란 항구나 공항에 위치한 물류창고로부터 값나가는 화물을 훔치거나, 그런 화물을 운송하는 트럭을 납치하는 일을 말한다. 화물을 운송하던 트럭 운전사는 미리부터 내통을 한 사람일 경우도 있으며, 그렇지 않더라도 목숨이 아까우므로 통상 저항은 하지 않는다. 후일의 보복이 두려우므로 자세한 사건 진술도 피하게 된다. 이것은 옛날의 역마차 강도와 같은 것이라고 볼 수 있다. 화물의 소유주는 보험회사로부터 배상을 받게 되며, 아무도 다치지 않는 것이 보통이므로 심각한 사건으로 받아들여지지는 않는다.

상납금은 합법적인 사업을 하는 사람들로부터 거두는 수도 있고, 범죄인들로부터 거두는 경우도 있다. 예를 들어 시카고의 보스 안토니 아카르도는 시카고 일원에서 불법 활동을 통하여 수입을 올리는 사람은 무조건 수입의 50퍼센트를 시카고 아웃 피트에 바쳐야 한다고 공표한 적이 있다. 1954년의 일이다. 도박꾼, 고리대금업자, 마권업자, 장물아비, 사기꾼, 각종 청부업자 등 아무도 이 규칙에는 예외가 없었다고 한다. 이 규칙을 어긴 사람은 즉시 처형되었으므로 시카고 지역의 범죄인들은 누구나 사업 수입의 50퍼센트를 아웃 피트에 바쳐야만 했다.

마피아는 합법적인 사업을 직접 운영하거나, 합법적인 사업과 연계한 사업을 가지고 있는 경우도 있다. 뉴올리언즈의 마피아 보스 카를로스 마르셀로는 새우잡이 어업을 영위하고 있었고, 1976년부터 1985년까지 뉴욕 「갬비노 패밀리」의 보스였던 폴 카스텔라노는 퀘렉스 산업이라는 정육배급 회사를 소유하고 있었던 것으로 알려진다.

마피아는 치즈 제조업에도 관련이 있다. 마피아가 특히 관련 있는 분야는 피자 가게에 공급되는 모짜렐라 치즈이다. 피자헛과 같은 대형 프랜차이즈에 공급되는 모짜렐라 치즈는 그렇지 않지만, 소규모 피자 가게에 들어가는 치즈는 대부분 마피아와 관련이 있는 업체에서 생산되는 것으로 밝혀졌다. 그런데 치즈, 콜스빌 치즈, 구르메이 치즈, 클로버데일 치즈 회사 등이 마피아와 관련이 있다고 알려진 치즈 회사들이다. 치즈 제조사업과 가장 깊은 관련이 있던 마피아 패밀리는 뉴욕의 「보나노 패밀리」이다.

자동판매기를 설치, 관리하여 수입을 올리는 사업도 마피아의 것이다. 미국의 각 대도시에서는 마피아와 관련이 없는 사람이 자동판매기 사업을 벌이는 것은 상상할 수 없는 일이라고 한다.

여기에서 잠시 1957년의 애플러킨 미팅과 관련하여 기소되었던 사람들의 직업을 소개해본다. 참석자는 100명 남짓으로 추정이 되나 이 중 58명만이 경찰에 억류당하였다. 58명 중 19명은 의류사업과 관련이 있었고, 7명은 트럭 운송사업과, 9명은 자동판매기 사업과 관련을 가지고 있었고, 17명은 올리브 오일과 치즈 수출·입업을 하고 있었다. 그 밖에도 자동차 판매업, 연예-흥행사업, 장의사업을 하고 있던 사람도 있었다. 그리고 억류되었던 58명 중 자그마치 22명이 노동조합과 관련된 인물로 밝혀졌다. 동시에 두 가지 이상의 일을 하는 사람이 있어 숫자는 중복된다. 이는 미국에서의 조직범죄의 실상과 위험 수위를 밝힌 로버트 케네디의 저서 『내부의 적 *Enemy Within*』에 밝혀져 있는 바이다.

금융업

마피아가 금융업에 관심을 가진 지도 오래 되었다. 대표적인 방법은 전과가 없는 프론트맨을 내세워 소규모 은행을 설립하여 예금을 유치한 다음, 마피아가 대출을 받아 챙기고 은행은 파산시키는 것이다.

1973년부터 차례로 파산한 느워크 시의 네 군데 은행에 대한 미 FBI의 조사는 그 은행의 채무자가 주로 불법고리대금업자, 살인용의자, 전과자들로 이루어져 있던 것을 밝혀냈다.

팀스터 연금기금을 대출 받아 호텔과 카지노 인수에 사용하도록 한 것도 훌륭한 금융 조달 테크닉이다. 벌써 1970년대의 마피아 금융업이 이럴진대, 최근에는 그 규모와 테크닉이 훨씬 더 커지고 복잡해졌을 것으로 짐작된다.

1982년에 교황청 바티칸은행의 주거래 은행인 암브로시아노 은행(Banco Ambrosiano)의 은행장 로베르토 칼비(Roberto Calbi)와 그 비서인 그라지엘라 코로첼(Graziella Corrocher)이 같은 날 각각 런던과 밀라노에서 의문의 자살 시체로 발견된 사건도 시실리안 마피아와 관련된 무리한 금융 거래로 인한 것이었다. 이름 있던 유럽의 금융가 마이클 신도나(Michele Sindona)가 이 사건과 관계된 마피아의 하수인이었던 것으로 밝혀져 수감되었으나, 증언하기 전에 이탈리아의 감옥 안에서 역시 자살한 시체로 발견되었다. 1986년의 일이다.

은행뿐 아니라 증권 분야도 마피아의 관심에서 벗어나는 곳은 아니다. 1968년 8월, 「라이프」 잡지는 뉴욕의 콜롬보 마피아 패밀리의 중간 보스인 존 프란체제(John Franzese)의 증권 관련 불법사업을 무려 27페이지에 걸쳐서 실었다.

마피아는 1960년대 초반부터 증권을 이용한 수익사업에 침투하기 시작하였다. 두각을 나타낸 것은 「갬비노 패밀리」의 중간 보스인 카르미네 롬바르도지(Carmine Lombardozzi)이다. 초기에는 무장 강도 등을 통하여 불법으로 탈취한 증권을 되파는 것이었다. 그러나 증권에 일련번호가 새겨지면서부터는 다른 방법을 개발하였다. 그 중 하나는 입수한 증권을 자산으로 삼는 것이다. 증권을 신용으로 하여 은행으로부터 돈을 빌리는 일 등은 증권의 일련번호를 확인하지 않으므로 얼마든지 가능한 일이었다. 그 증권을 자본금으로 삼아 다른 사업을 설립하는 것이다. IT와 관련된 벤처 산업이 각광을 받았을 때에는 기업 상장과 관련된 주가 조작 등의 방법도 이용했을 것으로 짐작된다.

마약사업

마약사업도 빼놓을 수 없는 마피아의 사업이다. 1990년 현재 미국에는 50만 명 내지 100만 명의 헤로인 중독자가 있고, 600만 명 정도의 코카인 중독자가 있다. 코카인은 칼리 카르텔(Cali Cartel), 메데린 카르텔(Medellin Cartel) 등의 컬럼비안 갱이 주로 공급하는 것으로 알려져 있으나, 그 물류는 역시 마피아를 통하고 있다. 그리고 헤로인은 전통적으로 마피아의 전유물이다.

마약이 수입되는 루트로 유명한 것은 프렌치 커넥션이다. 터키와 중동 지역으로부터 수입된 마약 원료가 프랑스, 시실리 등지에서 헤로인으로 정제된 다음, 프랑스 마르세이유 항구를 출발하여 뉴욕 항으로 들어오는 루트이다. 특히 제2차세계대전 이후의 것을 프렌치 커넥션이라고 이름 붙여 부르지만 이 루트에 의한 마약 수입은 제2차세계대전 이전에도 존재하고 있었다.

세계대전이 끝난 후, 미 정보국은 유럽 각국에서 공산주의 정당이 뿌리를 내리지 못하도록 하는 공작을 폈다. 프랑스에서는 사회주의자들의 집권을 막기 위해 정치깡패를 고용하였는데, 여기에 이용된 사람들이 프랑스의 항구를 주름잡고 있던 코르시칸 갱이다. 그리하여 힘이 커지게 된 코르시칸 갱과 시실리안 마피아가 연합하여 생겨난 마약 운송 루트가 프렌치 커넥션이다. 코르시칸 갱은 프랑스가 지배하고 있던 동남아시아로부터 마약 원료를 들여왔다고도 한다. 대서양을 통과하는 마약의 운송은 제2차세계대전 기간 동안에는 중단될 수밖에 없었지만 종전 후부터 다시 프렌치 커넥션을 통하여 활성화되었다.

제2차세계대전 기간 동안 미국에서는 마약중독자의 수가 현저하게 줄어들었다. 종전 후, 제대로 된 마약 정책을 실천하였다면, 이때 미국은 마약 문제를 완전히 해결할 수도 있었을 것이다. 그러나 실은 이 당시의 당국자들은 마약류에 대한 문제의식을 전혀 가지고 있지 않았다고 보는 것이 사실에 더 가까울 것 같다. 종전을 즈음하여 쿠바를 경유한 마약 수입 루트도 생겨났다. 쿠바로 들여온 마약을 뉴욕, 마이애미, 뉴올리언즈 등으로 상륙시키는 루트이다. 이때 쿠바는 유명한 관광지로 성장해 있었고, 그렇게 되기까지에는 마피아의 노력이 가장 컸다. 전쟁중에 휴가를 나온 군인들은 애인과 함께 쿠바에 가서 휴가를 보내는 것을 첫째가는 희망사항으로 삼고 있었다고 한다. 1943년에 이탈리아가 수복된 후부터 바로 쿠바를 통한 마약 수입 루트가 재개되었을 가능성은 충분하다. 쿠바는 1959년부터 사회주의 국가가 되었다.

터키와 중동 지역의 마약뿐 아니라 동남아시아의 마약에도 마피아는 관심을 기울였다. 베트남 전쟁이 한창이던 1968년, 플로리다 탐파의 마피아 보스인 산토스 트라피칸티 주니어는 홍콩을 경유하여 베트남을 방문해서 프랑스의 범죄조직인 코르시칸 갱과 회동을 한 적이 있다. 황금의 삼각지대로부터 나오는 마약을 수입하는 문제를 논의하기 위해서였다고 한다.

1957년을 기점으로 마피아 조직은 하부 조직원들이 직접 마약을 거래하는 것을 금지하였다고 알려져 있다. 「갬비노 패밀리」「제노베제 패밀리」 같은 곳은 마약을 거래한 부하 조직원을 처형한 일도 있다. 마약의 거래는 계속 보스급 마피아들이 영위하고 있었다. 그리고 실무적인 일들은 시실리로부터 갓 건너온 본토 시실리 마피아들에게 주로 맡겼다고 한다. 이는 마약과 관련되어 유죄의 판결을 받을 경우, 너무나 무거운 형량이 언도되기 때문에 하부 조직원들이 배반을 할 우려가 있었기 때문이다. 「보나노 패밀리」의 보스인 카르미네 갈란테는 시실리안 마피아를 통한 마약 거래를 독점하려는 시도를 하다가 다른 마피아 보스들에 의하여 피살되기도 하였다.

일찍이 밀주사업으로 인한 엄청난 수익금은 마피아로 하여금 고위 사법 관리들과 깊은 친분을 맺을 수 있게 해주었고, 벌써부터 합법적인 사업에 투자를 할 수 있도록 만들어 주었다. 그들의 재력은 주요 선거에서 그들이 원하는 정치가가 당선되도록 마음대로 주무를 수 있는 경지에 오르고도 남았을 것이다. 요사이는 그러한 공생관계가 더욱 밀접히 진행되어, 이미 마피아 등 불법 조직범죄단과 부패 정치인의 구별이 어려운 지경에까지 이르렀을 수도 있다. 최근의 마피아는 기세를 펴지 못하고 있고, 쇠퇴기에 접어든 것으로 판단되지만 그것은 그들의 하부조직일 뿐이며 이미 그들의 상부조직은 미국 사회의 상류층과 거의 동화된 것으로 생각된다.

아메리칸 마피아의 미래

이미 1946년에 미 마약국(DEA, Drug Enforcement Administration)의 전신인 FBN(Federal Bureau of Narcotics)의 갈란드 윌리엄스(Garland Williams) 대령은 마피아는 미국의 정신을 갉아먹는 매우 위험한 범죄조직이라고 주장하였다. 귀담아 듣는 사람은 별로 없었지만 윌리엄스 대령은 이때 이미 마피아의 조직이 전국적으로 퍼져있으며 그 리더들이 정기적으로 회합을 가지고 있고, 토의를 통하여 여러 범죄사업에 대한 경영방침을 결정하고 있다고 하였다.

여러 불건전한 사회현상을 외국인들의 탓으로 돌리는 경향은 미국 사회에서 꾸준히 존재해왔다. 범죄에 있어서도 미국 내의 모든 조직범죄를 이탈리안 마피아의 책임으로 돌리려는 움직임이 있다. 그러나 미국의 조직범죄는 결코 외국으로부터 유입된 이탈리안 마피아만의 탓은 아니다. 하지만 또한 미국의 조직범죄 역사에 있어서 이탈리안-시실리안 마피아의 영향을 결코 미미하다고 볼 수는 없을 것이다.

의식주 등의 일상생활에서 마피아 등 조직범죄에 의하여 한 번도 영향을 받지 않은 미국인은 단 한 명도 없다고 조직범죄 연구가인 마이클 우디위스(Michael Woodiwiss)는 말하였다. 세기가 바뀔 무렵부터 시작된 신대륙에서 마피아의 사업은 시간이 갈수록 확대일로를 걸었으며 최근에 이르기까지 이렇다할 큰 제동이 걸린 적이 없다.

아메리칸 마피아의 활동을 시기별로 살펴보면 다음과 같다. 우선 1900년부터 1920년까지가 태동기이다. 다음이 세력 확장기와 황금기로서 금주법 시행 년도인 1920년부터 애플러킨 미팅이 있었던 1957년까지로 본다. 1957년에서 1963년까지를 최정점으로 보며, 이후 1980년경까지가 쇠퇴기이다.

1957년에 애플러킨 마피아 미팅이 세상에 노출되면서 운신의 폭이 좁아지기 시작하였고, 로버트 케네디 법무장관에 의한 핍박이 있었다. 1963년에 케네디 대통령이 암살된 이후 상황은 나아지기 시작하였지만 이미 바깥세상에 노출되기 시작한 마피아는 그 활동이 예전처럼 자유롭지 못했다. 케네디 암살을 정점으로 그 세력은 위축되기 시작하였다.

1982년부터 RICO 법이 활발하게 적용되기 시작하면서 그 이후 현재까지 마피아는 혼란과 쇠퇴를 겪고 있는 것으로 보

1966년 9월 22일, 뉴욕. 이 모임은 참석자 중 한 명인 뉴올리언즈의 보스 가를로스 마르셀로가 경찰에 미행당하여 세상에 드러나게 되었다(좌측에서 두 번째).

인다. 그러나 일부에서는 정상적인 바깥사회로 진출하여 합법 적인 기업 경영에 더욱 적극 가담하고 있을 것이다. 마피아의 합법적인 세계로의 진출은 이미 오래된 일이다.

RICO 법은 노틀담 대학의 법학교수인 로버트 블레이크(Robert Blakey)가 제창하여 1970년에 제정된 법령으로, 조직범죄와 관 련되어 유죄가 확정되는 경우에 조직범죄 활동으로 벌어들인 재산을 모두 몰수할 수 있도록 한 법이다. RICO 법은 제정된 이후 한동안 법전 속에 파묻혀 있다가 1982년이 되어서야 실 제 재판에 적용되기 시작하였다.

위에서 말한 시기적 구분은 저자의 독자적인 판단에 의한 것이나, 다른 연구자들도 대체적으로 동의할 것으로 본다. 20

세기 초반의 밀주사업, 그 후의 도박사업 등으로 엄청난 부를 모은 마피아와 조직범죄단은 점차로 건설사업, 식음료사업, 부동산업 그리고 심지어는 보험업, 은행업 등의 금융업에도 진출하였다. 불법사업을 통하여 모은 돈을 가지고 합법적인 사업으로 나아간 것이다.

역사를 돌아보면 제2차세계대전, 한국전쟁 등으로 미국이 외국과의 전쟁에 국력을 기울일 때에는 마피아의 사업이 발흥했었다. 저자는 지금의 시기를 마피아의 쇠퇴기로 보았으나, 그간 주춤했던 아메리칸 마피아가 테러와의 전쟁에 여념이 없는 최근의 미국에서 다시 세력 확장에 나설 가능성은 충분히 존재한다고 본다. 예를 들면 다음과 같은 것이다.

화학무기, 핵무기 등 테러에 사용될 수 있는 무기가 미국 내로 반입될 가능성에 대하여 미 당국은 철저한 감시를 할 것이다. 한편으로는 테러 조직 자체를 감시하기도 하고, 한편으로는 미국의 공항, 항만을 통한 물자 반입을 감시하기도 할 것이다. 그러나 미국으로 들어오는 모든 물류 루트를 감시하기에는 아무래도 역부족일 것이다. 왜냐하면 밀반입의 가능성이 있기 때문이다. 그렇다면 역시 가장 좋은 방법은 밀수 루트를 제일 잘 파악하고 있는 조직과 협력을 하는 것이 될 것이다. 당국으로서는 범죄조직단과 흥정을 하고자 하는 유혹에 빠질 가능성이 생기는 것이다. 정치적인 커넥션을 가진 마피아 보스가 있다면 이러한 흥정은 충분히 일어날 수 있다.

1970년대 말 이후로 시실리안 마피아의 세력이 다시 아메리칸 마피아에 스며들기 시작하였다. 1979년에 「보나노 패밀리」의 보스인 카르미네 갈란테가 피살된 것이 상징적 사건이다. 오늘날 아메리칸 마피아의 혼란은 본류인 시실리안 혈통을 많이 잃어버린 데에서 그 원인의 하나를 찾아볼 수 있으므로 새로운 피를 수혈받은 미국 마피아 조직이 다시 한번 활력을 찾을 것인지는 지켜봐야겠다.

마피아의 계보

초판발행 2003년 10월 15일 | 2쇄발행 2006년 3월 10일
지은이 안 혁
펴낸이 심만수 | 펴낸곳 (주)살림출판사
주소 413-756 경기도 파주시 교하읍 문발리 파주출판도시 522-2
출판등록 1989년 11월 1일 제9-210호
전화번호 영업 · (031)955-1350   기획 · (031)955-1370~2
        편집 · (031)955-1362~3
팩스 (031)955-1355
e-mail salleem@chol.com
홈페이지 http://www.sallimbooks.com

ISBN 89-522-0145-0 04300
      89-522-0096-9 04080 (세트)

값 9,800원